Cultos Ocultos

Arzobispo Dr. Roberto C. Toca
Sar Mar Profeta

Cultos Ocultos

Copyright © 1999, 2016

Segunda Edición: Abril 2016

ISBN: 978-0-9779075-2-6

Publicado por la Iglesia Católica del Rito Antioqueno, Inc. y el Arzobispo Dr. Roberto C. Toca.
Propiedad intelectual totalmente del autor.
Todos los derechos reservados. Este libro no puede ser reproducido, en todo ni en parte, en ninguna forma, sin la autorización escrita del autor.

Published The Catholic Church of the Antiochean Rite, Inc. and Archbishop Dr. Roberto C. Toca.
The intellectual property of this book belongs entirely to the author.
All rights reserved. No part of this book may be reproduced in any form, without written permission from the author.

First printed in United States by Morris Publishing in 1999

DEDICATORIAS

He tomado las perlas del conocimiento esotérico de todas las fuentes auténticas y la misión principal que me impuse fue la de concatenarlas en un solo haz para la mejor comprensión y asimilación de los buscadores de la Verdad. La síntesis abarca miles de libros, manuscritos y documentos, la mayoría inaccesibles y difíciles de obtener. Lo he puesto todo y lo he descifrado, pero siguiendo la Antigua tradición del Misterio, he reservado sólo para las inteligencias audaces el mejor de todos los factores expuestos. Es por eso que entre la forma y el fondo, entre las líneas y la palabra, existe una semblanza de la Ley del Paradigma Paradójico y es esa aparente contradicción de la contradicción que "ex profeso" se halla en algunas partes. Lo más importante es que por primera vez se introduce el análisis de los cultos a partir de alguien de adentro. La sociología de la cultura de lo oculto es puesta de manifiesto por quien lo ha conocido en sus mismísimas entrañas, por mí mismo, que fui iniciado y formado desde mi niñez en uno y todos los cultos ocultos y por lo tanto la validez de la información que aporto no viene de la infiltración o de la especulación sino de la revelación que hago en mi condición de "cultólogo de la Ocultura".

"A todos mis ilustres preceptores y predecesores en los cultos ocultos: Si he llegado tan alto ha sido porque he ido sobre hombros de gigantes".

Quiero consignar mi agradecimiento a esa fuente de luz y de inspiración sin cuyo abnegado esfuerzo y dedicación pertinaz esta obra no hubiera sido posible, a mi compañera, recordando aquéllas por mí consabidas palabras que me hicieron elegirla un día: más vale la Soledad que estar mal acompañado.

A Johannes Müller Rider
(Sar Thelémako)
Ideal de Maestro, Maestro ideal

Arzobispo Dr. Roberto Toca

Mi modo de ver al Maestro viviente

Voy a explicarles cómo ha sido este extraño proceso de conformación de ideas, de experiencias vitales, de penetración en el mundo oculto, de acceso directo a la trascendencia en el plano astral. He tenido el privilegio de observar con discreción y prudencia, con consternación e incertidumbre, los cambios psíquicos y espirituales que se reflejaban durante el transcurso de días, meses y años de interacción entre el mundo de la existencia suprasensible y la vida material.

Vi a Sar Mar Profeta cerrarse sobre sí mismo, dejar el cuerpo físico sin dormir, dictar a una grabadora lo que traía desde el más allá, lo miré escribir en una letra difícil e indescifrable, a alta velocidad, con dibujos diversos, rompiendo limitaciones, abriendo horizontes. Lo vi ensancharse psíquicamente, lo vi hacerlo solo, al igual que con ayuda de las entidades y de los seres que evocaba. Cuantas veces vi aquel pantaclo elevarse del suelo, cuantas otras vi aquellas llamas de luz de los dos cirios, el rojo y el verde, cuando él se adentraba en el éter reflector del pasado, y cuando se proyectaba al Akasha del futuro.

El me contó que hacía lo mismo en Cuba. Le vi hacerlo también en España, luego aquí, en Tampa y en Odessa, en la Florida, durante tanto tiempo, tantas horas interminables, sus ojos cubiertos de insomnio, como el hombre que no duerme de noche. Cuando no experimentaba con los grimorios, escribía en sus enchiridiones. Cuántas sombras vi pasar. Cuántas figuras extrañas que por la costumbre ya no me hacían temblar. Cuántas veces oirle preguntar, y escuchar voces atronadoras responderle. Acercaba la soberana presencia de los Maestros del Mundo Invisible en el majestuoso salón del Tabernáculo de la Gnosis. Su despacho secreto era como un enigmático puente que le servía de conexión con lo invisible. A veces presentía que necesitaba un punto de apoyo, alguna inspiración, pero yo no me atrevía a interrumpirlo. Al terminar, la frente sudando, el pelo totalmente mojado, sentado en el suelo, en medio de la sala, se recostaba al sofá y yo le llevaba té frío. Estaba eufórico, sus ojos se agrandaban, tenía la palidez del que está exhausto, pero, a la vez, la fortaleza del que se ha cargado de sutil energía. Así dividía sus noches, entre la ceremonia y la escritura. Así completó sus libros, aunque siempre me decía: "Tengo ya nuevas ideas para otro más".

En el año 1979, hablando a sus amigos en Madrid, les contó lo que estaba haciendo con una nueva formulación de la religión, la filosofía, la ciencia, el arte y la tecnología. Era su nuevo camino. El iba a encontrar el Sexto Camino en la Sexta Dimensión, para su nuevo módulo cósmico. Para su desarrollo de la luminosidad interna, para la puesta en marcha del sistema que imperaría en el siglo XXI. En sus encuentros con seres y hombres extraordinarios, les comunicó lo que había encontrado en su búsqueda y ellos lo alentaron a que siguiera adelante.

En la Navidad de 1993 y en el último día de ese mismo año, comentó a algunos acerca de lo que iba a hacer, y fue cuando dijo: "pero primero hemos de hallar el nuevo templo, el cual encontraremos en 1994". Los que lo oyeron entonces vieron el resultado de sus palabras: Las Iglesias establecidas con anterioridad, el Templo construído bajo su dirección diez años antes y el que ahora había fundado, una nueva Catedral fastuosa en su dimensionalidad y pletórica de símbolos cabalísticos y taumatúrgicos. Indudablemente, un santuario de peregrinación que se asemejaba a una Basílica del Nuevo Milenio.

Ahora, en medio de las aventuras, este soñador que busca ampliar el campo de acción de su obra, se propone llamar y luego escoger al grupo de personas seleccionadas para recibir el conocimiento directo y personal de lo que él ha logrado: La Doctología.

Arzobispo Dr. Roberto Toca

Un Profeta es un Maestro, pero el Maestro es profeta sólo cuando tiene algo nuevo que decir acerca de lo que otros, que le precedieron en el camino de la abundancia de las ideas ocultas, habían expresado antes. La grandeza está en que no se limita a repetir lo que otros dijeron, sino que toma las ideas originales, la sabiduría eterna, el poder inefable y lo va a postular y a comunicar en su particular lenguaje: definido, sintético, organizado, potente y transformador. En esto lo está haciendo todo nuevo.

Ha tomado el acervo cultural y la tradición esotérica de Hermes, Zoroastro, Pitágoras, Gautama Buda, Christian Rosenkreutz, Francis Bacon, Madame Blavatsky, Eliphas Levy, Monsieur Gurdjieff y los Maestros y Avatares de la Iniciación en el Misterio, y a partir de éstos y de su cosecha personal, ha implantado este inusitado desarrollo de posibilidades que resulta en la enunciación de la escala más alta en el saber humano. Ese sistema, esa fórmula y este planteamiento armonizan, corroboran e integran todas las corrientes de pensamiento que nos han llegado hasta ahora y de las cuales esta síntesis orgánica se convierte en su paradigma fundamental para el siglo XXI.

Lector, yo he tenido el privilegio de verlo en su condición de hombre, de líder y de profeta. He tenido la oportunidad que me ha dado el destino de ser su fuente de inspiración, de apoyarlo, de dedicar mi vida, mi intelecto, mi dulzura, mis emociones, mi humilde aporte material, todo por él, por la grandeza de ese propósito que es un designio divino. Porque él ha pasado por iniciaciones en las escuelas esotéricas auténticas, ha estado en contacto con los Grandes Maestros, ha recibido el orden sacerdotal y la consagración episcopal, ha acumulado una altísima educación y un refinamiento cultural extraordinarios. El ha penetrado no sólo los secretos de este mundo, sino también los misterios del más allá. Por eso yo he podido presenciar durante todos los años a su lado, su contacto íntimo con el mundo invisible y sobre todo, lo más alto que él ha alcanzado, que no ha procedido de la experiencia acumulada por él en esta encarnación, sino que le ha llegado de la energía ígnea, del magno poder que solamente viene de la unción que da Dios.

Por tanto lo que se te revela en este libro, lector, de su propio puño y letra, se resume en las vocales A.E.I.O.U. (Arcaica Enseñanza Iniciática de Ocultura Universalis), producto totalmente propio de él, recibido del Ser Supremo y, que sólo los grandes seres como él pueden ofrecer, difundir e infundir en nosotros y en el mundo, ahora y mirando hacia la posteridad.

Recordad las palabras de Kalki Avatar: "He aquí a mi mensajero, a él seguidle porque él, el Profeta, ayer hubiera sido como ellos, los Grandes Maestros, y ellos hoy, serían como él".

¡QUE FLOREZCAN ROSAS SOBRE VUESTRA CRUZ!

Sol Igneo, Abadesa Mitrada

Arzobispo Dr. Roberto Toca

INTRODUCCION

La Ocultura es Culto y Cultura de lo Oculto

Advertencia al lector ocasional:
Tal vez este libro sea instructivo para todo el que lo lea, pero su fuerza y a la vez su peligro, radica en que excita la investigación, provoca rupturas en convencionalismos generalmente aceptados y abre hendiduras que se ensanchan y son luego difíciles de cerrar. Cualquiera que lea este libro puede o no estar de acuerdo con sus planteamientos, pero hay algo muy cierto: el que lo lea, aunque no lo entienda, nunca volverá a pensar en algunas cosas o quizás en muchas o tal vez en todas, como lo hiciera antes.
Este libro es un reto a la inteligencia, un desafío a la intuición y un aliento para el espíritu. La imaginación creadora se combina en estas páginas con la inventiva de un sagaz método que puede expandir tanto y tan alto el horizonte mental que el lector salga del entrampamiento en que inconscientemente vive y transcurre su devenir para encontrarse con una fuente inesperada de Sabiduría y de Poder que le guíe hacia una forma de Actividad muchísimo más feliz y llena de paz.
Pero para los sepulcros blanqueados, los coprófagos y los mancos mentales será inútil que lo lean, así que es mejor que cierren ahora mismo el libro y no se atrevan a poner los ojos en la próxima página. Este texto está dedicado sola y únicamente a los sinceros buscadores de la Verdad. Para los demás esta obra es como soy yo mismo en el plano intelectual: "el peligro que camina".
Sugerencia al lector interesado: Para obtener un provecho adecuado de éste, como de cualquier otro libro, le recomiendo leerlo seguido; dejar que su mente produzca las ideas que le provoquen más interés. Comparar el contenido con lo que pueda haber ya aprendido de estos temas

anteriormente y luego volver a leerlo, y descifrar las claves en él volcadas de una forma literaria y estilista a tenor de la Tradición Esotérica Universal.

Sar Mar Profeta

Cultos Ocultos

INDICE

DEDICATORIAS 1
Mi modo de ver al Maestro viviente 2
INTRODUCCION 7
PRIMERA PARTE 11
CAPITULO 1 11
La Leyenda Negra.- El Evento más importante en la vida.- Al saludo respondió: "demasiado bien…"- Ellos (los Grandes Maestros) hoy hubieran sido como El (Sar Mar Profeta) y El ayer hubiera sido como Ellos. 11
CAPITULO 2 20
Desde "mi metódica duda" llegué a "mi dinámica paz".- La búsqueda de Dios y el hallazgo divino.- Empiezo el arduo e inefable sendero 20
CAPITULO 3 27
Entre el absurdo de la Existencia y la Justificación de la vida.- La asignación del ser entre el Todo y la Nada.- El encuentro del tiempo y el espacio en el umbral del Espíritu. 27
CAPITULO 4 33
La Síntesis dispersa se condensa en proposiciones.- La homonomía y la constitución de los vehículos de conciencia.- El Destino, Karma y Karmarless.- La vida: antes, durante y después de la muerte. 33
SEGUNDA PARTE 58
CAPITULO 5 58
Reseña histórica de las Sociedades Secretas.- Las Ordenes Místicas. Las Fraternidades iniciáticas y las Escuelas Esotéricas y su legado.- Los Cultos Ocultos.- La diferencia que los destaca.- La Ideología que los acerca.- Paralelos históricos.- Las Sectas y los Cultos: Aberraciones místicas versus Iluminismo humanizado.- La Tristeza en medio de lo sublime y lo ridículo. 58
TERCERA PARTE 104
CAPITULO 6 104
Desde el Desierto de Gobi: Una información periodística que es tan arcaica como novedosa.- Asgard aquí y ahora: Agartha y Shamballah.- Primera actualización de los componentes de la Gran Hermandad Blanca y sus mensajes. 104
CAPITULO 7 142
La explicación Doctológica del fenómeno de Integración de la Arcaica Enseñanza Iniciática de Ocultura Universalis en los Cultos Ocultos de toda la Historia.- Del Quinto al Sexto Poder y de ahí en adelante. 142
CAPITULO 8 153
MANIFIESTO SECRETO "El Esoterismo esparcido a los cuatro vientos" 153

Arzobispo Dr. Roberto Toca

PRIMERA PARTE

CAPITULO 1

La Leyenda Negra.- El Evento más importante en la vida.- Al saludo respondió: "demasiado bien..."- Ellos (los Grandes Maestros) hoy hubieran sido como El (Sar Mar Profeta) y El ayer hubiera sido como Ellos.

Fue una necesidad consubstancial de mi propia existencia. Me había preguntado desde que tengo memoria de mi propia individualidad, quién era yo: de dónde se había formado mi ser. La inquietud acerca de los factores concurrentes de la herencia biológica, el árbol genealógico, el medio familiar, social, geográfico, educacional e histórico que incidía y luego coincidiría en la articulación de mi personalidad y las leyes psicológicas y paradigmáticas que se integraban en mi carácter inquisitivo y mi temperamento místico. La extraña melancolía que me acompañaba junto al recuerdo lúcido de los eventos y actitudes propias asumidas en mi inmediata encarnación anterior conformaban mi búsqueda de la Verdad. Con las influencias de pensadores de todos los tiempos y las tradiciones que escuchara de niño acerca de los Abakuá, la augusta sociedad secreta de origen africano, el Baracutey o el solitario caminante de las tradiciones Yoruba y Lukumí, el materialismo esotérico y la santería así como la orientación teosófica y rosacruciana. Desde muy joven me ocurrieron acontecimientos fuera de lo normal y eso me llevó a trazar el extraño comportamiento devocional de un escéptico analítico que prefería leer "La Decadencia de Occidente" de Spengler aunque me motivaban los pensamientos de "La Imitación de Cristo" de Kempis. Ya desde mi niñez había tenido contactos con el mundo oculto, con los llamados muertos y con la

percepción de luminarias del Más Allá.
Entre rosacruces y teósofos fui iniciado por sacerdotes católicos que no obstante el dogma romanista, tenían una doble postura filosófica y teológica que por supuesto, era guardada en secreto.
En esta etapa de mi vida comienza la Leyenda Negra que me acompañará siempre. Yo era una persona normal que estudiaba, pero también un crítico de todo lo que pudiera racionalizar y además un ocultista que había podido utilizar los poderes muy pronto. El juego de valores adquiridos se pondría a prueba con el especial encuentro con el maestro, su enigmática salutación: "después de todo lo pasado, luego de haber triunfado sobre las pruebas y las tribulaciones, solamente puedo expresar mi satisfacción con estas palabras: "estoy demasiado bien". Y eso lo profería aquel ser genial que no podía encasillarse en la definición de hombre, pues trascendía el concepto vital y formal de hombre, para ser clasificado, si lo fuéramos a hacer, como un super-hombre.
Con mi Maestro personal aprendí lo que era la Sinarquía, esa forma ideal de gobierno mundial en la que se sintetizaban los aspectos político, filosófico y teológico, propendiendo a una teocracia, más desarrollada y con postulados más seguros, que los que se han plasmado en Monte Athos, en el Vaticano, en el Tíbet anterior a 1950 y en otros intentos más limitados del pasado y del presente. Del mismo modo supe que la criptocracia o sociedad secreta había existido desde la más remota antigüedad en todas las partes del mundo y que en el medioevo fue conocida a través de las fraternidades de constructores, las órdenes iniciáticas y las Escuelas de Misterios. La idea de la criptocracia o sociedad secreta se remonta a los tiempos de los Atlantes y Lemures, y de la Raza Hiperbórica original de milenios atrás y sus modernas reproducciones en Malta y Thule.
Pero mi configuración de la Leyenda Negra de mi vida estaría siempre relacionada con el origen y decursar de la Historia

Esotérica surgida con el territorio oculto llamado Shamballah, el centro tradicional de la Ciencia Secreta Transhimaláyica ubicado en algún sitio del Desierto de Gobi, desde donde tiene y sostiene laberintos y túneles que lo enlazan con otros centros en el Tíbet, Egipto, Grecia, Persia, Japón y América del Norte y del Sur. Shamballah es el país del misterio, teniendo como capital a la ciudad secreta de Agartha donde residen junto a los Grandes Seres Extra e Intraterrestres, muchos de los Grandes Maestros y Fundadores de Religiones y sistemas de pensamiento de la Historia de la Humanidad. Shamballah y Agartha tienen a su vez en forma de tercer círculo concéntrico una sección de su territorio que resulta en un vórtice o vórtex comunicado directamente con un puente de luz que alcanza al Mundo de Anti-Materia, agujero negro o plano astral. Este vórtex recibe el nombre de Asgard y tiene ramificaciones de conexión con los sitios del mundo en los que los Nueve Magus Incognitus realizan su misión específica. Es a partir de estos centros desde donde la Voluntad de Dios es conocida que afluye luz a las mentes de los hombres….. La ideología de lo oculto se establece en una cultura dentro de las civilizaciones y en este proceso histórico-paradigmático se constituye la Ocultura Universalis, la antigua enseñanza iniciática del contemporáneo Existencialismo Esotérico.

Se ha dicho que la cultura es lo que queda después de que todo se ha olvidado, y en este contexto, la Ocultura es el summum de Cultura Oculta, que ha pervivido a través de las religiones, las filosofías e ideologías y del arte y sus derivaciones.

Por lo tanto, para entender los Cultos Ocultos, disponemos de un instrumento de la inteligencia, la memoria y la intuición, que defino como Doctología. Esta ciencia de la sapiencia nos explica las leyes históricas, genealógicas y mistéricas que rigen la aparición y desaparición de los factores que muestran las criptocracias, las sinarquías y las escuelas esotéricas.

Antes que todo tenemos que definir y diferenciar cultos de sectas. Un culto es una forma ritual, ceremonial y cultural de poner en función una devoción a una cultura, o una creencia o conjuntos de artículos de fe, que se combinan en doctrinas, o lo que equivale a decir una sistematización gnoseológica de las creencias y su ejecución activa por medio de iniciaciones ceremoniales, misterios o sacramentos y ritos o fórmulas de fe. Por otra parte, una secta no es más que un segmento dentro de algún cuerpo organizado; como por ejemplo, los derviches y los sufíes son cultos dentro del Islam, mientras que los shiitas y mahometanos son sectas o segmentos dentro del Islam. En el Cristianismo tenemos que las sectas son las denominaciones mientras que los cultos son los ritos particulares de algunas de las confesiones dentro del cuerpo organizado de doctrinas teológicas y devocionales de la Iglesia considerada en su totalidad.

No todos los cultos son sectas. Ni todos los cultos son ocultos. Algunos cultos son tan exotéricos, tan abiertos y externos que se conocen fácilmente, en tanto otros tienen aspectos más secretos como el culto político del nazismo que es una formulación esotérica de mitos arios e hiperbóricos que conserva un ethos ideológico mesotérico. Encontramos otros cultos medianamente ocultos o mesotéricos entre algunas asociaciones de zen-budismo, de sufismo islámico, de yoga, tanto clásico como sus vertientes y versiones contemporáneas, así como en las fórmulas dianetistas y cienciológicas que mantienen aspectos internos en algunas de sus enseñanzas.

En esta misma línea tenemos los moonies, si bien son una amplia tarántula de organizaciones que abarcan desde lo aparentemente religioso a lo plausiblemente político pasando por el aspecto del culto ancestral, en ocasiones mediumnímico, aspectos también poco conocidos dentro del bagaje de su estructura.

Cultos Ocultos

Lo cierto es que para que una organización determinada sea definida y clasificada como un Culto Oculto deberá reunir estas condiciones y características:

1- Forma de captar y expresar el Universo y el Hombre en un contexto ceremonial.
2- Aportar a las formulaciones ritualistas un sentimiento devocional centrado en una o más figuras trascendentes de este mundo terrenal.
3- Establecer prácticas, doctrinas y postulados futuros manteniendo el principio básico y substancial del secreto y el misterio.
4- Capacidad de transmisión de un linaje o línea de continuidad dentro de un marco jerárquico.
5- Orden establecido por un Fundador que vigorice, guíe y promueva el ideal y lo convierta en ideología, con originalidad y potenciación.

Estas palabras del Maestro Jesús, hablando acerca del Misterio y la Gnosis: "No deis perlas a los puercos ni margaritas a los perros porque las pisotearán y las volverán contra vosotros", querían significar que la "perla de gran precio", el Misterio, debería estar reservada a las almas intrépidas y no a la plebe de entes ordinarios, comunes y corrientes. Esto lo reafirma el sublime rabí de Galilea cuando declara: "a vosotros (los discípulos) os es dado conocer el Misterio del Reino de los Cielos (el nivel espiritual secreto) pero a los otros (la muchedumbre) les hablo en parábolas (sentencias con un contenido enigmático, cifrado, oculto), para que viendo no vieren y oyendo, no oyeren".

O sea, que el conocimiento esotérico no es en absoluto para ser puesto al alcance de los profanos, los incultos y los viciosos, hipócritas, envidiosos o farsantes. Las pruebas y las ordalías que pasa el iniciado en las Escuelas de Misterios sólo pueden ser comprendidas cuando percibimos el sentido de misteriología que anida en los centros de poder y por esto el cuidadoso escrutinio del alma y destino de los que aspiran

al plano más alto de desarrollo humano para el Tercer Milenio, al cual he definido como Doctología.
Mi maestro me sugirió en ocasiones, y en varias oportunidades me impelió a actuar y hacer cosas sorprendentes sin sentido de lógica ordinaria en apariencia. Todo ello con el propósito preciso de probar la confiabilidad de algunos estudiantes. A veces lo repetía para corroborar si se podía depositar en ellos importantes secretos o si se propiciaban poderes y facultades en discípulos tanto novatos como antiguos. El maestro enseña y obra en función de educir las características o skandas que subyacen en el interior de la mente y la sensibilidad de los seres humanos. El instructor sabe que quien ingresa en una escuela de desarrollo siempre ha de llevar consigo el equipaje subconsciente de sus frustaciones, bajezas y limitaciones y que sólo con un proceso de entrega, devoción y educación se puede llegar a definir y apreciar las enseñanzas, pruebas y oportunidades que se abren o cierran en cada caso específico. El autor ha realizado extrañas proezas con sus estudiantes en el intenso camino para la cristalización del alma inmortal y el proceso de divinización del ente espiritual. Fui testigo de ordalías (cadena de pruebas y desencadenamientos hacia la prueba). Por lo que pude constatar que en el arduo e incisivo espectáculo del alma en el ciclo de su animación y armonización con el trabajo auto-consciente y regenerativo de las órdenes mistéricas, las fraternidades iniciáticas, las sociedades secretas y las escuelas esotéricas, hay un punto común de encuentro, a saber:
Primero: la inutilidad del sufrimiento para los que no tienen la posibilidad mental de entender el Misterio debido a que sus vitris o espirillas electrónicas de las neuronas (células cerebrales) no vibran a la velocidad necesaria para captar lo abstracto, sublime y etéreo.
Segundo: la inconveniencia de gastar tiempo, esfuerzo y recursos en los que carecen de una base intelectual y

educacional, devocional y mística, ética-moral y de refinamiento de la sensibilidad.

Por lo que, como he experimentado en la aplicación de esta ciencia secreta, las personas de baja moral, intelectualmente mediocres o mancas mentales, así como los fanáticos y sepulcros blanqueados, la letra muerta de las falsas concepciones pseudo-religiosas, no tienen ni a corto ni a largo plazo ninguna oportunidad de ir más allá de leer y muchas veces malinterpretar los libros dedicados a estas materias esotéricas.

Tercero: la incongruencia de los entes inferiores en cuanto a sus indisposiciones para efectuar los cambios mentales y operaciones indispensables dentro de la disciplina del ser (ontológica) que lleva al pleno desenvolvimiento de los poderes latentes en la individualidad humana, pero inaceptables de ser desarrollados únicamente por medio de la fragua en las técnicas del Yoga, Tantra, Sufismo, Zen o sus muchos equivalentes, en la Arcaica Enseñanza Iniciática de Ocultura Universalis.

El tiempo es el único factor irrecuperable en la existencia, por lo que la pérdida de energía en el intento, el gasto de recursos de cualquier índole y la malfunción de los centros orgánicos son siempre corregibles y accesibles a la transformación.

Cuarto: el determinismo histórico del que el Fundador debiera hacer gala para implementar la Arcaica Enseñanza Iniciática de Ocultura Universalis entre los que tengan más posibilidades de alcanzar el triunfo y vencer el fracaso. Por lo que el Guía debiera impedir con firmeza la contaminación vibratoria con los elementos de baja condición y con los entes que han sido expelidos del Camino del Desarrollo por no haber podido pasar adecuadamente las pruebas del sistema.

El Fundador de la Obra de la Doctología en el planeta Tierra ha creado con imaginería y supraconciencia un método efectivo para aprender, desarrollar y comprobar todos los postulados enunciados en el sistema de la Arcaica Enseñanza Iniciática de Ocultura Universalis.

Durante un período que se inició en el año 1975 en la Isla de Cuba y que prosiguió en España y después en América el autor ha producido un conjunto de doctrinas y prácticas ocultistas y ha experimentado con discípulos en grupos de estudio en varios países las técnicas y enseñanzas que han dado como resultante todo el material didáctico, informativo y metodológico que se publica en el serial que comienza con este libro.

En el contacto y transmisión de enseñanzas y facultades durante viajes y encuentros con hombres extraordinarios y congresos y convenciones en todo el mundo, el autor ha logrado presentar un fórmula tecnológica devocional y un sistema gnóstico del pensamiento metafísico y parapsicológico que revela por primera vez lo que existe dentro de las Sociedades Secretas, Fraternidades Iniciáticas, Ordenes Mistéricas y Escuelas Esotéricas y permite saber lo que se piensa en estas organizaciones, lo que se hace, lo que se cree y lo más importante, cuáles fueron sus orígenes, los fundamentos básicos y las leyes sociológicas, históricas y ocultas que les han dado razón de existir y pervivir.

Lo más importante de todo, el autor informa al mundo por primera vez de la actual composición jerárquica de la Gran Fraternidad Blanca, de las Grandes Logias Ocultas y sus cabezas Invisibles y la estructura de los centros de distribución del conocimiento y el poder real tal y como está establecido y sistematizado por los Grandes Seres que dirigen la Evolución del Planeta Tierra para el Tercer Milenio.

El autor reconoce la aportación intelectual y mística de innumerables espíritus a los que ofrece sincera reverencia y gratitud, entre los que destaca a Hermes, a Zoroastro, a Pitágoras, a Buda, a Christian Rosenkrantz, a Francis Bacon, a Blavatsky, a Gurdjieff, a Krümm-Heller y a ese alma inmortal que habiendo sido su Maestro siempre le ha continuado guiando. A tí viejo mago, rebosante de lozanía y de amor, pletórico de majestad y comprensión, a Johannes Müller Rider, Sar Telémako, 95°.

CAPITULO 2

**Desde "mi metódica duda" llegué a "mi dinámica paz".-
La búsqueda de Dios y el hallazgo divino.- Empiezo el
arduo e inefable sendero.**

Existencia, Evolución, Espíritu. La gran incógnita ha estado vinculada a dos aspectos que son como el anverso y reverso de una misma moneda. ¿Existe Dios? ¿Hay vida después de la muerte? Fue para mí importante la realización de mis experiencias personales en la búsqueda de esas dos respuestas fundamentales, para luego trascender mi propia experimentación vital en pos de una universalidad de mis propias vivencias. Pero, para encontrar respuesta a estos dos interrogantes tenía que ponerme en contacto con fuentes de información y de conocimiento que me pudieran dar acceso a la Verdad. Con este objetivo emprendí una busca filosófica, literaria, teológica y científica de miles de libros y de encuentros con personas extraordinarias. Sin embargo, esto no era suficiente, había obtenido solamente respuestas teóricas, lógicas, místicas, pero no la fundamental comprobación que yo necesitaba: entrar en el mundo invisible. Mis percepciones extrasensoriales, ocurridas de forma espontánea durante mi niñez, me llevaron en mi primera juventud, entre los once y los veintiún años, a la práctica de técnicas de yoga, de zen, sufismo, técnicas del sistema del Cuarto Camino y de otras metodologías taumatúrgicas (Alta Magia) entre otras de carácter mistérico, con el objetivo de franquear el umbral que conecta el mundo material con el mundo espiritual. Mientras, por otra parte, mi búsqueda de Dios, del Ser Supremo, de la razón de ser de todas las injusticias en la vida, en la sociedad, en la humanidad, me llevó al único sitio dónde un niño con inquietudes filosóficas y místicas podía dentro de mi entorno cronológico, o sea, a mi edad de menos de doce años, y con las posibilidades que me rodeaban entonces, encontrar respuesta a la cuestión de la existencia del Ser Supremo.

Ingresé así en un Seminario Católico, con el propósito de comprender un Dios a quien solamente conocía en forma teórica por medio del estudio y la devoción pero de quien yo precisaba un encuentro personal y una relación profunda, íntima y especial.

Mis dudas despertaron mi vocación eclesiástica y esto marcaría mi vida para siempre. Yo realicé una experiencia personal con Dios y me di cuenta de su existencia y de su Poder y pasó a convertirse en algo ontológico, es decir, del ser interno, en una convicción absoluta basada absolutamente en una comunión interna e intensa con el Creador. Desde entonces mi contacto y comunicación con Dios han ido en ascenso hasta culminar en esa experiencia mística definida en la India como el Samadhi, es decir, el éxtasis en la conciencia con la unidad divina.

Pero, entre esta experiencia suprema con Dios y el tiempo que me llevó alcanzarla sucedieron una serie de "hechos" que con la ayuda del Todopoderoso, me permitieron lograr el conocimiento escondido por Dios en Cristo.

En el Seminario Diocesano donde estudié, algunos de mis profesores habían sido iniciados en Escuelas Esotéricas. Ellos me pusieron en contacto a su vez con otros Maestros del Conocimiento Oculto y así fue como pude percibir que por encima de las corrientes filosóficas empiro-criticistas y dialécticas sólo había una vía que me permitiría descubrir los misterios del más allá. Esto sería a través de las Sociedades Secretas. El relato de todos los episodios que me ocurrieron en aquel entonces podría definirlo como "los fascinantes veranos de mis años mozos" porque en vez de ir a la playa o a lugares de recreo, durante las vacaciones de verano, invertía mi juventud en investigar las fraternidades iniciáticas y místicas. No fue tarea fácil porque apenas tenía doce años de edad y la edad mínima para ingresar en la Orden Rosacruz era veintiuno (tal vez con dieciocho me admitirían, me habían dicho). Lo mismo me respondieron en otras agrupaciones mistéricas. Fue sólo en la Sociedad Teosófica donde me permitieron la entrada tan joven, primero en una logia externa y luego, como una excepción a la regla, en menos de un año era iniciado en la Escuela Esotérica de la Sociedad Teosófica, en cuyas fuentes bebí en las aguas de la Sabiduría Oriental. Luego, a los dieciséis años conocería por contacto epistolar con su fundador Hubbard, y por sus libros, el Dianetismo y el Cienciologismo, y finalmente encontraría poco antes de cumplir los diecisiete años, a mi Gurú personal.

Desde entonces se produjo un extraordinario incremento, no sólo del conocimiento y la información sino del desarrollo de las facultades de la conciencia suprasensible.

Entre los dieciocho y los veintiocho años de edad había recorrido extensamente el camino del desarrollo espiritual, a través de mi ordenación sacerdotal y de las iniciaciones conscientes en el mundo astral. En la década de mis treinta comenzarían mis extensos viajes por el mundo, recibiría mi consagración arquiepiscopal y establecería en España y en Estados Unidos de América los organismos iniciáticos que continuarían mi obra comenzada anteriormente en Cuba, con la creación de la Universidad Internacional de Teología y Parapsicología, que yo fundara anexa a la Iglesia Católica del Rito Antioqueno.

La historia de todos los factores que convergieron en mi autorrealización psíquica y trascendental se encuentra plasmada en otro de mis libros, titulado "Sobre hombros de Gigantes", el cual, más que una autobiografía es la biografía de aquellas almas generosas y elevadas que fueron mis maestros y preceptores, tanto en el ámbito eclesiástico como en el iniciático, sobre cuyos hombros de gigantes yo pude llegar tan alto.

Cultos Ocultos

Sin embargo el contenido de esta obra, tiene el propósito de vindicar la antigua tradición mistérica de las Sociedades Secretas, las Escuelas Esotéricas y las Ordenes Iniciatorias. Por eso en este primer Tratado de Doctología estoy haciendo un enfoque verídico y objetivo de aquellos fundamentos primigenios y originales, antiguos y contemporáneos que se aglutinan dentro del concepto de "Cultos Ocultos". Se define como culto toda forma de adoración a Dios, veneración a la santidad de una entidad angelical o humana, o en definitiva, toda manifestación devocional. El término culto podría ser apropiado tanto a un culto evangélico, a un culto satánico, como a un culto a la personalidad o en el sentido en que lo defino dentro del contexto de la cultura como forma de nuestra civilización, como momento histórico, político, religioso y social. Mientras que Oculto es todo aquéllo que converge dentro de las características de la secrecía, o sea, todo lo relacionado con la transferencia de la información confidencial, como en la política, la técnica, la cibernética o cualquier otra rama que por razones de seguridad codifique el contenido de su propia información; o como en el caso de las escuelas de pensamiento filosófico, de regeneración espiritual, de taumaturgia (alta Magia), de misticismo y de espiritualidad. La salvaguarda de la pureza del conocimiento sería mantenida en este tipo de instituciones por medio del ocultamiento discrecional del summum de conocimiento acumulado durante los siglos y su transferencia hacia generaciones venideras. El origen del término oculto y de su concomitante, el secreto, se encuentra en el comienzo del paso del "homo sapiens" (el ente pensante que concebimos antropológicamente) sobre la tierra. Con toda certeza podemos remontar el secreto y lo oculto a las inteligencias que existen en este sistema solar y en el universo y que luego el devenir de la ciencia podrá encontrar en galaxias próximas y lejanas.
En todos los libros sagrados, incluyendo por supuesto la

Biblia judeo-cristiana, encontramos el misterio, el secreto y lo oculto. Lo podemos ver a lo largo de la historia en Hermes, el Padre del Hermetismo, y en el Sumo Sacerdote Akatón, Padre de la Teosofía, ambos en el Antiguo Egipto. Lo hallamos también en Persia, en la Escuela de la Hermandad Sarmang fundada por Zoroastro, en el Gupta-Vidia o Conocimiento Secreto, en la India. Se encuentra en la magia tántrica tibetana como en las runas del Kallebalah en Escandinavia; entre los druidas en Stonehenge así como en las ruinas mayas de Meso-América. Lo vemos en la simbología cabalística erigida por los constructores de las grandes catedrales góticas en Europa, tal y como lo relata Fulcanelli, y está también labrado en piedra en los monumentos de los incas y los egipcios, los asirio-babilónicos y los indios americanos, siguiendo el mismo código secreto descrito por Munck, que revela una tecnología secreta transmitida en medio de la aparente anarquía de extraños monumentos diseminados por todo el planeta.

Este conocimiento se halla imbricado igualmente en el legado de las antiguas órdenes de caballería como la Orden de Malta, la Teutónica, los caballeros del Rey Arturo, la del Santo Sepulcro y la Orden del Temple. Ha sido el depósito de las enseñanzas de los gnósticos, cátaros, iluministas, martinistas, rosacruces, cabalistas y otras fraternidades iniciáticas y se encuentra en el código genético de los elegidos.

Por primera vez se presenta ante el mundo contemporáneo, en la época del tercer milenio del Cristianismo, este sumario de Doctrinas Ocultas que recogen el acervo cultural a través de esa pléyade de grandes escritores que precedieron el camino que ahora recorremos. Por lo tanto, he dado el nombre de Doctología a este sistema orgánico de pensamiento ocultista; rindiendo homenaje a los tratados monumentales que mis ilustres predecesores mostraron al mundo antes que yo, con mi veneración y reverencia hacia la grandeza de todos ellos, que se reflejarán en todo el decursar de esta obra.

"La Tabla de la Esmeralda" de Hermes Trimegistus, los escritos pitagóricos, el "Organum" y la "Metafísica" de Aristóteles, formaron la primera oleada filosófica o canon del pensamiento.

El "Novum Organum" de Francis Bacon, "Magia y Ciencia Natural" del Barón de Duprel y "La Doctrina Secreta" de Mme. Blavatsky, fundamentaron el segundo Organo del pensamiento. Mientras que, "Todo y todas las cosas" de Monsieur Gurdjieff, "Tertium Organum" de Ouspensky, "El Desarrollo de la Luz" de R. Collin y "Gnosis" de Mouravieff, formaron el Tercer Canon del pensamiento.

En este nuevo milenio, en la Era de Acuario, en el Siglo del Retorno del Señor de la Historia, el Cristo Cósmico, el Imán Madí, el Mesías de la Nueva Jerusalem, me corresponde a mí proclamar el Cuarto Canon del Pensamiento, que yo defino objetivamente como Doctología, la ciencia del Saber, la suma total de la percepción extrasensorial, metafísica, parapsicológica y esotérica.

A lo largo de este primer tratado de Doctología, "Cultos Ocultos", defino la naturaleza del conocimiento impartido por los que han alcanzado la percepción vital del mundo invisible: La entrada en el Universo Oculto y los mensajes de los Grandes Seres que aún en nuestros días continúan impartiendo su soberana sapiencia y transmitiendo su inefable poder.

En este primer libro evoco la manera de obtener lo mismo que yo he logrado por cualquier sincero buscador de la Verdad que se disponga a emprender esta titánica tarea. Por primera vez en esta época estoy presentando la revelación del contenido completo de las doctrinas místericas y de las leyes dialécticas que gobiernan la potenciación de las facultades y posibilidades que permiten a cualquiera de los hijos de la raza de los hombres ascender en el camino de la Auto-

Iniciación.

La tesis fundamental de la Doctología se expresa como una continuidad literaria y filosófica en la que convergen dos corrientes de pensamiento. Una llega a través del mundo invisible, cuyos exponentes son los Grandes Maestros de la Iniciación, como fueron, Hermes Trimegistus, Eliphas Levi, Upasika (H.P. Blavatsky) y el hombre más extraño de este siglo, el lama y sacerdote Gurdjieff. La otra corriente de pensamiento viene de los pensadores Platón, Tales de Mileto, Soren Kierkegard, Martin Heidegger y del poeta Arthur Rimbaud. Estas dos corrientes se combinan en el Existencialismo Esotérico, el cual ha sido la pauta que como instrumento del pensar y del sentir he combinado para la revelación del Tercer milenio, esto es: la Arcaica Enseñanza Iniciática de Ocultura Universalis, sintetizada en la Doctología.

Lo que va a ser leído y la experiencia que provocará, llevarán indubitablemente a quien con mente abierta y desprejuiciada se sumerja en la profundidad de la enseñanza de esta doctrina oculta, a la realización definitiva de todo lo que permitiría la creación del alma inmortal, camino que enseño en forma didáctica y demostrativa en la Escuela Esotérica de la Internacional de la Iniciación.

A todos los buscadores de la Verdad les extiendo mi mano amiga para ayudarlos a entrar en este sendero que conduce al Surrealismo, o sea, a la realidad superior, a través del Existencialismo Esotérico. En esta fórmula, cuyo planteamiento es la Arcaica Enseñanza Iniciática de Ocultura Universalis, de la cual, la Doctología es resumen y corolario, presento al mundo del Tercer Milenio la explicitación exhaustiva de los "Cultos Ocultos".

CAPITULO 3

Entre el absurdo de la Existencia y la Justificación de la vida.- La asignación del ser entre el Todo y la Nada.- El encuentro del tiempo y el espacio en el umbral del Espíritu.

A este punto sería conveniente para el lector tener conocimiento de las razones por las que hombres y mujeres de todos los países del mundo en todas las épocas han tenido acceso al Ocultismo, lo han investigado plenamente y han llegado a ser iniciados en las diferentes vertientes de las Escuelas de Misterios.

El pensador Schopenhaüer, incursionando en el campo de las ciencias ocultas al igual que otros filósofos, halló una causa generalmente aceptada por todos los que se vincularon de alguna manera con el esoterismo. Ante todo fue la misma razón por la que Pitágoras creara los vocablos: Filosofía (amor a la sabiduría), Psicología (estudio del alma, de la mente humana) y Esoterismo o síntesis del cúmulo de creencias ocultas que en diversos niveles y planos explicara en la Escuela por él fundada en Crotona en la Península Itálica. Desde los discípulos de Hermes Trimegistus hasta los pupilos del más contemporáneo de los instructores de la Hermandad Sarmang, se ha planteado un denominador común, a saber: los auténticos buscadores de la Verdad se han sentido insatisfechos con las argumentaciones del materialismo mundano, así como con los dogmas estereotipados de la religión convencional. En la antigüedad como en nuestros tiempos, las gentes que se acercan a la Metafísica, la Parapsicología, la Gnosis o el Espiritualismo, lo hacen por un aguijón intelectual o por una intensa experiencia interior, algunas veces mística y otras veces ontológica.

Otro de los propósitos que han impulsado a los buscadores

del Misterio ha sido la incógnita de la posibilidad de obtener certeza acerca de los estados post-mortem, o sea, la vida después de la muerte, la integración de la individualidad y la posible inmortalidad del alma, la mente, la memoria y las demás características del homo sapiens.

Pero en la mayoría de los casos de quienes se han acercado a las escuelas esotéricas con motivaciones serias se encuentran los que anhelan el perfeccionamiento humano y la consecución del desarrollo de poderes y facultades suprasensibles. En todos tiempos y en todas partes los que mejor han sentido y aprovechado las enseñanzas esotéricas son los hombres y mujeres con una alta moralidad y ética.

Las grandes religiones de la Humanidad y los sistemas de pensamiento de todos los tiempos, así como el arte, la literatura y la poesía de la Historia han contribuído a crear los basamentos fundamentales que abrieron las compuertas de la percepción superior y la captación de los factores y elementos centrales que pueden ser mejor asimilados por las almas cultivadas y educadas.

Es por eso que detrás y por encima de toda religión o filosofía existe una contraparte oculta que anima y fermenta los postulados y artículos de fe e ideología que la sustenta.

Los auténticos buscadores de la Verdad se caracterizan, además por su persistencia en la enseñanza y no por una curiosidad elemental ciclo-térmica o evasiva de su realidad circundante. En nuestros tiempos, a la altura del Tercer Milenio que nos penetra, el autor afirma que para ingresar en cualquier auténtica Escuela de Desarrollo Espiritual y para ponerse en contacto con una figura magistral que legitimice las prácticas y técnicas ocultas, el candidato debe poseer y observar las condiciones que se establecen:

Primero, la búsqueda ecléctica y honesta de la Verdad.

Segundo, la certidumbre de la fugacidad, banalidad e inconsistencia de las aseveraciones dogmáticas de todo tipo.

Tercero, la experiencia de la falsedad, simulación e hipocresía de la sociedad vulgar.

Cuarto, la incuestionable voluntariedad de realizar los necesarios esfuerzos de estudio, meditación y práctica disciplinada dando prioridad a éste objetivo por encima de todos los demás.

Quinto, la posición activa de dejarse conducir por el Gurú, Maestro y Guía dentro de un sistema metodológico planeado y trazado desde siglos para propiciar resultados concretos objetivos y subjetivos a los que voluntariamente se someten por medio de la iniciación esotérica.

Sexto, la asunción, transformación y elaboración de los cambios indispensables en la personalidad, actitud ante la vida, y forma de actuar teniendo como premisa que "ser alguien superior" significa diferenciarse del resto de las gentes vulgares, comunes y corrientes, cortando toda clase de contaminación o influencia de esferas bajas, mediocres o falsas, malvadas o perversas.

Séptimo, la resultante alcanzada por las almas intrépidas que sienten el desafío y afrontan el reto de encontrarse consigo mismas en el Camino del Desarrollo oculto es que antes que todo aprendan cómo empezar a conocer la maquinaria humana y controlarla; aprendan además cómo conocerse a sí mismos y dirigir el destino como sujetos auto determinados y no como entes dominados por las circunstancias exteriores, subconscientes y por el inconsciente colectivo.

Del mismo estudio emprendido llegan a saber del destino manifiesto y potencial de todas las formas existentes y conscientes y realizan el contenido de la Sabiduría de los Rayos de la Creación, las Fuerzas Sutiles de la Naturaleza, la vida antes y después de la muerte, la entrada en el mundo astral, el plano sutil de las entidades cósmicas, solares y planetarias conocidas como ángeles, arcángeles, y las demás huestes asociadas a la evolución de la vida y la forma. Tienen la posibilidad de la traslación, transportación y proyección más allá del tiempo y del espacio, por supuesto, la percepción del aura, las emociones y pensamientos, tanto abstractos como bioplasmáticos, la educción y desarrollo de los poderes latentes en el espíritu humano y la más notable: la creación del alma inmortal por la integración de la individualidad y la posibilidad de la obtención del conocimiento esotérico que conduce a la eliminación del Karma o sublimación del destino, y la consecuente liberación del ciclo de las reencarnaciones.

Octavo, al encuentro personal con el Maestro viviente sucede la trayectoria que procura el contacto directo con el Maestro Invisible, primero en el plano astral o mundo del sueño y después, la vinculación directa en el mundo físico, por medio de los procesos psíquicos y espirituales producidos por los impactos emocionales e intelectuales de las iniciaciones en los diferentes grados. Estas ceremonias místicas cuando son efectuadas por auténticos Maestros llegan a los centros sutiles llamados chakras y los "hacen girar" en la dirección izquierda, lo que significa que se moverán a la inversa de los entes humanos vulgares y ordinarios.

Otro de los efectos vibratorios de las iniciaciones lo constituyen las modificaciones y ensanchamiento del radio de acción de las espirillas, (spin o solenoides analógicos que se encuentran al nivel electrónico de las neuronas cerebrales) lo que propicia la mayor aceleración en los niveles de respuesta rápida física, espiritual y mental. Otro de los resultados de la iniciación es debido a que en los ejercicios rituales se aplica el Cetro del Poder sobre los discípulos en forma y manera que reactivan sus vitatrones y coadyuva a su más acelerado desenvolvimiento de facultades y poderes. A todo esto se agrega la necesidad del sostenimiento de la disciplina del secreto, sigilo y silencio. Tradición ésta indispensable en toda escuela genuina de Misterios. El mantenimiento del secreto

Cultos Ocultos

tanto por parte de la Escuela Esotérica como del estudiante de la misma, garantiza la continuidad histórica, ideológica y mistérica de las Enseñanzas Ocultas y su transmisión legítima a los auténticos buscadores de la Verdad, los que se convierten en depositarios, no propietarios, de los conocimientos y facultades que reciban.

A los que inquieren sobre este punto: ¿Quiénes deben interesarse en el Ocultismo, la Gnosis o la Doctología?, les respondo: los inteligentes que quieran ser cultos o los cultos que quieran ser inteligentes.

Los demás quédense dónde están, pues en este augusto camino nada podrán encontrar los que no estén preparados para esta búsqueda suprema.

Por lo que este camino no lo deben tomar si no están preparados para empezar a hacer en grande el cometido más difícil y peligroso de la vida. Déjenlo antes de que se embriaguen en el aroma de la percepción de la Verdad.

Para sacerdotes y Reyes es la Magia.

El Esoterismo es para los Magos y los Reyes.

El sendero del Esoterismo no es ni puede ser para los coprófagos, los mancos mentales, los sepulcros blanqueados y los conformistas.

Los más importantes logros que puede aspirar a alcanzar el estudiante sincero de la Doctología se definen así:
- Desenvolvimiento de la inteligencia superior y la mente abstracta, desarrollo de la mente analítica y la memoria celular, electrónica y cósmica, el dominio de los períodos alternativos de existencia cíclica y eventos externos y el control del mundo circundante.
- La agudeza del foco perceptor que abre el puente de contacto entre las distintas esferas, planos y corrientes existentes. El manejo de los organismos macro-planetarios y el desdoblamiento consecuente de los vehículos de proyección en el tiempo y la distancia.
- El correcto mecanismo de asimilación de las experiencias

vitales y el método seguro de comunicación con entidades conscientes sub-humanas, humanas incorpóreas y suprahumanas. La energetización de las facultades telepáticas con el plano de anti-materia, el mundo invisible y los demás sistemas planetarios.

- El certero aseguramiento de la integración, penetrabilidad, expansión y eventual liberación del alma encarnada que sigue con dedicación y persistencia la disciplina de la Arcaica Enseñanza Iniciática de Ocultura Universalis.

CAPITULO 4

La Síntesis dispersa se condensa en proposiciones.- La homonomía y la constitución de los vehículos de conciencia.- El Destino, Karma y Karmarless.- La vida: antes, durante y después de la muerte.

Mi tesis fundamental de la Arcaica Enseñanza Iniciática de Ocultura Universalis es en el plano humano de este modo: Si un ser en el mundo de la existencia condicionada se identifica con algo, crea karma, lo que equivale a dejar que se haga el destino. Fuera de la existencia condicionada, no crea Karma, pero como existe también Karma en los mundos astral, mental inferior, sólo se genera karma con la entidad que tiene nombre propio. O sea, que existe el Karma anterior a esta vida y el Karma que en cuanto a ley de acción y reacción, causa y efecto, se origina constantemente al hacer o dejar de hacer, al sentir y al pensar, ya que emitimos y creamos "formas" emocionales y psíquicas que se condensan en acciones autodeterminadas, acciones mecánicas y acciones miméticas o imitativas. La generación de karma se produce sólo en el plano de la acción. "Dentro del plano de su acción, todo verbo crea lo que afirma" reza el antiguo axioma. Cuando un Maestro ascendido respalda a un discípulo, permitiendo que una persona ceda parte de su Karma o que lo use en una determinada necesidad, entonces el Maestro sí podría llegar a crear Karma, y de ahí se establecen los círculos interminables de los seres humanos entrampados.
De hecho, el Maestro, el Instructor o el guía a todos los niveles, desde el más simple mago o brujo hasta el hierofante y taumaturgo, asumen y cargan con las faltas de sus discípulos desde que comienzan a enseñar y trasmiten facultades o poderes. La ignorancia se une al karma en los hombres y mujeres ordinarios. Pero un Nirvanakaya es aquél que se ha liberado del Karma por la ofrenda de su propio ser

al ideal altruísta del servicio al Plan de Dios en el Universo. En la obra "El vuelo de la serpiente emplumada" hay un fragmento que se refiere a que el destino humano está trazado excepto que un nuevo hecho interfiera y concurra, siendo precisa para ese cambio del destino, la intervención de dos factores: conciencia y voluntad.

Así como los Arcontes dirigen los doce signos zodiacales a nivel planetario, así en el plano existencial, los Lipikas son los seres que dirigen el Karma, canalizan el destino en los cuatro puntos cardinales, y se caracterizan por carecer de emociones. No pueden variar el karma de las personas, simplemente lo canalizan y adecúan.

Los desencarnados, una vez han pasado por la transición, no generan karma mientras se encuentran en los planos astral, mental y causal. Unicamente generan karma en estos mundos los entes encarnados o los seres que no pertenecen al reino humano y que existen de forma permanente en esos submundos. Los seres desencarnados están siempre dominados por leyes específicas en las que nunca pueden tener auto-desplazamiento fuera del esquema evolutivo del sueño del alma y el devachán.

Cuando concurren los factores cósmicos precisos, el mínimo tiempo para reencarnar es nueve meses y nueve días. Sin embargo, normalmente es de tres a siete años; en ocasiones de nueve a treinta y tres años en dependencia del nivel evolutivo y el Karma personal a nivel del augoides o cuerpo causal del alma o triada superior imperecedera.

El Karma es una rueda mecánica que nadie puede detener ya que está regida por entidades de los mundos invisibles llamadas Señores del Destino o lipikas. Esos seres angelicales carecen de vehículo emocional por lo que ejecutan su misión de manera indiferente al placer y al dolor, al bien y al mal, ya que son vehículos de unas voluntades superiores que continuamente, como seres-leyes, contrabalancean la armonía universal. Esas voluntades

cósmicas de índole superior a nuestro sistema solar reciben el calificativo de arcontes del destino y tienen como intermediarios entre éstos (los arcontes y los lipikas) a los Maharishis que controlan los cuatro puntos cardinales. Karmarless es la única vía para vencer el Karma. Buda decía: "Deja de hacer el mal, haz el Bien".
Dos leyes rigen la Reencarnación, una genérica y otra paradójica:
1) Todo hombre con alma, tiene un número determinado de encarnaciones en esta tierra para alcanzar su liberación.
2) Tiempo entre una encarnación y otra. El promedio ideal de vida de un ser humano es ciento cuarenta y cuatro años. Proceso tras la muerte física: si la persona fallece por ejemplo a los noventa y seis años, deberá permanecer en el plano astral la diferencia entre la edad de su fallecimiento y ese promedio ideal, es decir, cuarenta y ocho años. El bebé que fallece recién nacido puede ser que entre en un karma colectivo. Si una persona muere en accidente, puede reencarnar de inmediato.

Existen tres tipos de seres humanos:
a) los que poseen, de hecho, ellos mismos son, almas inmortales.
b) los desalmados, que no poseen ni son almas inmortales. Desgraciadamente, la mayoría de la humanidad.
c) las almas perdidas, que se han desconectado por su maldad del Triángulo Superior: Mente, Alma, Espíritu.

Desde este punto de vista, por supuesto que la reencarnación es operacional y verídica sola y únicamente para los que son en sí mismos almas inmortales.

Existen tres tipos y niveles de alma:
A) el alma animal, que abarca las emociones y sentimientos inferiores (cuerpo astral).
B) el alma intelectual que involucra los procesos mentales

superiores y abstractos (cuerpo causal).
C) el alma espiritual, o sea, activada en el Jiva (Mónada) o esencia del Ser.

Las tres se explican en la analogía con:
- personalidad
- individualidad
- esencia del ser.

El ser humano crea el alma dentro del llamado cuerpo causal. Los animales poseen un alma grupal, no individualizada. Es preciso que salgan del alma grupal para que en ellos se pueda formar un cuerpo causal.

Los skandas nos hacen retornar a la encarnación. Son los átomos que contienen la memoria de nuestra propia naturaleza personalizada.

Ciertos cometas son el vehículo físico de esos Lipikas que regulan los destinos humanos. También lo son algunos asteroides. Seguir un camino de autoconciencia a través de una escuela esotérica es la vía para liberarse del karma general de la humanidad. Quien entra en los niveles superiores ve cómo se le precipita el karma. La escuela esotérica no exime de las pruebas, sino al contrario, las precipita para acelerar el proceso de emancipación del alma de la rueda de las reencarnaciones. La sangre es el fluído vital del karma. De ahí que en la iniciación esotérica se realice una transmutación con "sangre" como parodia del misterio taumatúrgico de la transubstanciación que ocurre en la Eucaristía.

Cuando el ser humano se libera de la rueda de reencarnaciones se convierte en un ser perfecto.

El límite último y más fuerte en el Camino del Desarrollo es el cuerpo mental. Recordemos el axioma: "El hombre es lo que piensa. Por tanto piensa en lo eterno" dice el Baghavad Ghita. El pensar y el pensamiento son diferentes. Pensar como un acto intencional de raciocinio. El pensamiento sin embargo puede ser el resultado del decursar de la mente,

Cultos Ocultos

viene por sí solo, sin necesidad del acto racional. Cuando creamos nuevos pensamientos estamos atrayendo átomos vibratorios nuevos. Este es el modo de influir sobre nuestras auras. En resumen, cuando somos capaces de pensar, entonces comienza la línea de comunicación con el alma. Dice Patanjali en sus Yogas sutras: "Yoga es perfección en la acción". Los cambios más importantes deben comenzar desde adentro, para que lleguen alguna vez a manifestarse en el exterior.

Lo inherente a la naturaleza humana es su carácter que se forja de la experiencia sumada al temperamento, dando por resultado cuando se desintegra el cuerpo causal, el que ya no haya reencarnación posible o necesaria.

Para provocar la evolución hay que variar las líneas de fuerza en nuestro interior. En un auténtico Camino del Desarrollo, el Hierofante hace que los chakras giren a la izquierda para toda la vida. Esto implica que la persona use constantemente una energía mayor que puede hacer que se acelere el Karma y surjan dificultades si no sabe cómo controlarla o superarla.

En cada sucesiva encarnación, lo más desarrollado va a incrementar el cuerpo causal. El alma ha de crearse a través de la vida y se compone de todos los momentos conscientes. Los Maestros de las Escuelas Esotéricas son quienes infunden la partícula de alma en los estudiantes o discípulos. El alma no es un paracaídas que se abre automáticamente en el momento de la desencarnación o muerte, sino algo que crece y se desarrolla por medio de los llamados "momentos de conciencia".

Los "espíritus" que a menudo se presentan en las sesiones espiritistas tienen en múltiples ocasiones falta de conocimiento. Porque el mero hecho de la muerte física y el paso de este plano de existencia a otro, no confiere el conocimiento "per se". Lo demás lo definimos como Eurística.

El objetivo del Yoga o unión con Dios es la Iluminación y

lograr el estado de unidad aislada, término que significa poder nutrirse de la substancia propia del alma. El que realiza bien un camino de desarrollo espiritual los realiza todos porque el camino del Ocultismo es uno solo, aunque en diversas variantes y modalidades históricas y filosóficas. Aunque existe un destino manifiesto, karma, que ajusta a cada cual lo que cada uno merece. El karma es la compensación. En el camino de las Escuelas Esotéricas, el karma se transforma y diviniza por el proceso iniciático de la cristalización del alma o cristificación.

La Consciencia Cósmica de Dios nos da mucho y aún pedimos más. El hombre como ser humano es parte de un todo: el mal de otros afecta a cada uno. Es un problema ecológico, y a la vez teológico, en resumen, teleológico.

Periódicamente el planeta pasa por períodos de reajuste kármico, cuando se producen grandes cataclismos, guerras y calamidades que asolan poblaciones enteras. El mal karma engendrado en la humanidad por la mala distribución de la riqueza genera gigantescos ajustes kármicos. En esto opera la astrología judiciaria, es decir, planetaria.

El destino se genera constantemente, con arreglo a lo que se hace o se deja de hacer. Existe también el Karma de inacción, que se produce al dejar pasar las opciones y oportunidades que nos ofrece la vida.

Es sabido entre los ocultistas que el karma no obra de forma lineal sino cíclica y ondulante. En la naturaleza no hay líneas rectas, todo es vibratorio.

El Baghavad Gita nos enseña que: "Más vale el Dharma propio simplemente ejecutado que el Dharma ajeno, lleno de perfección. Porque el camino de los demás está lleno de peligro". Se engendra karma al intervenir en lo que no nos concierne ni corresponde. Lo que no significa dejar de experimentar los nobles sentimientos de compasión, misericordia, cooperación y amor.

La negatividad es el aspecto más oscuro del universo. Para salir de los circuitos de negatividad hay que aprender a reconocer lo que nos ha mantenido en un sendero de reacciones negativas. Todo lo que nos llega es en función del karma, a saber:
1. Reacción mental
2. Reacción emocional (repercusión de las situaciones)
3. Reacción física (a través de las palabras y acciones)

Debo aquí consignar que el Ocultismo es muy superior a cualesquiera otros sistemas de pensamiento, tanto de tendencia espiritista como supersticiosa. No tiene ninguna relación con magia negra, brujería o satanismo. Los oscurantistas de todos los tiempos han tratado de tergiversar el mensaje para atacar y desvirtuar a las Escuelas Esotéricas, llevados por la reacción del lado malvado de la naturaleza humana y motivados por la ignorancia más soberbia y desastrosa. Hallamos esto plasmado en los fanáticos de las religiones fundamentalistas entre las que se destacan el falso evangelismo y el romanismo farisaico.

Pero sólo por el conocimiento no se alcanza la liberación. Tiene además que liberarse el karma acumulado que se encuentre en los registros akáshicos, en el cuerpo causal y en la memoria tanto electrónica (espiritual), atómica (psíquica) y celular (física) de los seres humanos tri-cerebrales.

Cuando el autor era joven, la idea de que sus parientes queridos y amistades más cercanas nunca mostraran interés alguno en salir de la rueda de reencarnaciones y alcanzar la liberación le afectaba profundamente. Para poder ver las vidas pasadas, como para cualquier otro progreso personal, son necesarios el desapasionamiento y el desapego; además hay que ser espectador, sin poner la ecuación personal. Lección que tuve que aprender para ver mis vidas anteriores y desarrollar los siddhis o poderes internos.

No debe el discípulo vincularse innecesariamente a karmas generales de la humanidad. No obstante, para lograr "hacer" hay que rechazar el fruto de la acción y desidentificarse con la "masa inerte" y el "subproducto bruto de los seres infracerebrales".

Del mismo modo que la cantidad de energía es limitada, así el karma positivo y negativo son limitados igualmente. La energía fina que se malgasta en propósitos mundanos o materiales, va a faltar para los propósitos del desarrollo espiritual y la creación del alma. El ser humano es un vaso o recipiente contenedor de la gracia en relación directa a la transparencia o claridad y también, al tamaño, pues cuanto mayor sea habrá más permeabilidad y capacidad para contener la gracia divina. Esto constituye el alma racional.

El alma equivale al ánima, lo que anima, lo que nos mueve e impulsa en la mente y la sensibilidad.

Cuando el karma se libera entre los más cercanos, es más fácil de liberar que cuando se está lejano. La luz proyecta sombra, pero la sombra es incapaz de proyectar luz. Sólo extrayendo de nosotros lo mejor, podemos destruir la sombra. De ahí la frase de mi Maestro: "Renunciando al yo el universo se convierte en Yo".

La voluntad del hombre no siempre coincide con el deseo del cuerpo. No confundir con el Yo real, ni el cuerpo astral, ni el mental, ni el emocional, ni el físico. La mayoría de la gente vive dispersa, descentrada y cambia continuamente según sus deseos. En el cuerpo astral hay porción izquierda y derecha, arriba y abajo. Se manifiesta una vez más así la Ley de Analogía o Correspondencia: "Como arriba, es abajo". El cuerpo astral no reencarna, salvo en casos muy extraños, cuando encuentre un cuerpo físico vibratoriamente idéntico a él. El cuerpo astral normalmente se desintegra después de la muerte del cuerpo físico, cuando el centro de conciencia del ser pasa al vehículo mental, y posteriormente la conciencia se retrotraerá al nivel causal del alma o triada superior, antes de comenzar el proceso de reencarnación.

La reencarnación ocurre al nivel del espíritu. El Antakarana es el puente que une el cuerpo físico, con el astral y el mental hasta llegar al Espíritu o Yo real. Así el Yo puede actuar sobre los tres cuerpos inferiores por medio de la voluntad superior.

Resumiendo, hay varios tipos de Karma: de nacimiento, familia y étnico-racial, colectivo o grupal, solar o cósmico y judiciario, es decir, planetario, que afecta a los líderes, a las naciones y a las razas humanas.

Pero también, somos partícipes y cómplices del karma de otra persona. Por eso hay que evitar contaminarse, no entrar en el dharma o deber de los demás, ni convencer al que no está preparado. Se debe ser muy firme porque el Camino del Desarrollo es como un tren que no puede parar en ningún sitio, sin poner en peligro el Propósito Superior que lo anima.

Cuando se cumple el Dharma o deber es cuando se trasciende el-anillo-no-se-pasa, y se asciende a una octava superior saliendo de la recurrencia del mundo material.

Lograr el dominio sobre el propio cuerpo físico, astral y mental, conduce a la cesación de la rueda de renacimientos, por lo que se enseña y practica en las Escuelas de Misterios.

La cifra de 144.000 mencionada en la Biblia se refiere a los liberados posibles en un período mundial determinado en cada raza raíz.

La energía del karma dirigida por los Lipikas, actúa sobre la personalidad. Hacer karmarless trabaja con el Ego y por tanto obra con mayor fuerza que los propios lipikas. El número de encarnaciones de un hombre ordinario es de setecientas setenta y siete. El Karmarless se mide en la fórmula mistérica de la Escuela Esotérica Sarmang: "horas-trabajo-conciencia". De este modo comienza el proceso por el que se rompe el cuerpo causal o vehículo del alma, se desintegra el guardián del umbral y se destruye la necesidad de reencarnar. Por lo tanto ya no hay más reencarnación. No se está ya sujeto a las noventa y seis leyes que gobiernan el común de las gentes. El

propósito de las reencarnaciones es colorear el cuerpo causal, o en otras palabras, la creación del alma, la cual se constituye con los momentos de conciencia que integran la autoconsciencia de la esencia del Ser.
Hay un proceso que se requiere en la evolución humana, para alcanzar la jerarquía planetaria y la liberación. Cada cual en dependencia de sus condiciones internas puede llegar a la transformación definitiva. La liberación, el contacto personal con la esencia se obtienen por la Iniciación. El verdadero camino es aquél que produce un desarrollo y un cambio interior. Tiene un hilo de continuidad con las escuelas esotéricas históricas. Los orígenes de una Escuela verdadera están en el contacto de la Escuela con los Maestros Ascendidos, o sea, sus Guías e Instructores.
La salvación es la creación del alma, el ente que permite trascender la muerte y alcanzar la plenitud de la supraconciencia. Pero como una resultante cuando se entra en un camino de desarrollo espiritual verdadero, se precipita el Karma positivo o negativo, o sea, la vida personal pone en ejecución todos los factores latentes en el alma que permanecen "dormidos" en los seres comunes y corrientes.
A manera de corolario: debemos aprender a agotar el karma negativo y a no desperdiciar o usar inapropiadamente el karma positivo. Las oportunidades favorables del destino son raramente repetitorias. La ocasión más valiosa es siempre única y constituye el paradigma de lo que afirmativamente deberíamos hacer.

VIDA DESPUES DE LA MUERTE

El planteamiento evangélico, de tendencia cristiana fundamentalista o literalista, se puede resumir en lo que respecta al abandono del mundo físico diciendo que, en la interpretación literal bíblica hecha por el protestantismo, en la muerte no hay pensamiento ni memoria porque todo muere

Cultos Ocultos

con la cesación de los signos de la vida física. Los modernos teólogos de las iglesias convencionales plantean que tras la muerte existe una especie de nadidad. Esto no trasciende a sus feligreses en las iglesias, por razones de conveniencia económica.

En contraste las iglesias gnósticas, las escuelas esotéricas y las fraternidades herméticas nos enseñan que el cuerpo etérico se compone de las emanaciones que se aprecian como luces fosforescentes alrededor de las tumbas en los cementerios. Es el llamado Fuego de San Telmo por los antiguos teólogos benedictinos y dominicos de la Iglesia romana.

Las emociones, percepciones y mente no desaparecen con la muerte del cuerpo físico. El túnel del entronque entre el mundo físico y material y el mundo de la anti-materia o plano astral que la persona fallecida percibe es más amplio en la medida en que ésta haya tenido una vida mental más amplia. Es un túnel hacia adentro, no hacia afuera.

En el espiritismo clásico de Allan Kardec y Camilo Flammarion se plantea que el verdadero medium debe ser inconsciente. En el sueño del alma la persona no debe ser afectada ni perturbada. Por ello las sesiones espiritistas muy próximas en el tiempo a la desencarnación del fallecido se consideran muy dañinas, o al menos perturbadoras en muchos casos.

El Maestro Jesús dijo: "El reino de los cielos está dentro de vosotros mismos". El Purgatorio es un subplano del mundo astral donde el alma se purifica. El Infierno es un estado creado por la negatividad acumulada durante la vida física. Es un subplano muy inferior, muy denso, de privación de contacto con la mente divina. Pasado el sueño del alma se entra en el período previo a la Reencarnación, cuando los Lipikas, o sea, las entidades angélicas que gobiernan el destino, asignan los padres para un nuevo nacimiento. El Retorno es eterno, hasta que se alcanza la liberación.

Por supuesto en relación al propósito de la reencarnación, el esoterismo tiene un planteamiento totalmente diferente. La vida trasciende a la muerte física. Si no se sabe pensar no se puede continuar la vida tras de la muerte. La existencia en el plano del tiempo nos provee en la dimensión del espacio:
1. Qué adquirimos con la vida: cuerpo físico, personalidad, temperamento.
2. Qué poseíamos al venir a la vida: esencia, espíritu, individualidad.
3. Qué debemos desarrollar durante la vida para que sobreviva a la muerte: alma, conciencia y carácter.

Los ciclos humanos son: concepción, nacimiento, infancia, juventud, estado adulto, madurez, vejez inicial o ancianidad, senectud o senilidad y transición o muerte.

Entre los ciclos cósmicos están: el de 144 años o promedio de vida física que todo ser humano podría vivir. El ciclo de 14 encarnaciones que constituye una Raza raíz. El de 777 vidas encarnadas o período de desarrollo que lleva a la liberación a los que han "creado, o más bien integrado y organizado el alma inmortal". Entre 9 meses y 9 años se produce el período de reencarnación para aquéllos que han llegado a forjar el alma inmortal.

La creación del alma inmortal es tarea de siglos en múltiples encarnaciones (o sea, múltiples cuerpos y personalidades) del Espíritu o Mónada.

El átomo permanente viene a la existencia, asumiendo un cuerpo físico; con el nacimiento y el primer aliento entra el alma y después comienza la personalidad. El proceso se completa con la Mónada, requiere siglos y siglos de reencarnaciones siendo lo único que lo acelera la Iniciación.

La fuente del Poder está en uno mismo y debe ser primero encontrada y luego desarrollada por medio de la Iniciación y las técnicas adecuadas. El Camino de Desarrollo es la Escala a través de la cual se asciende en la vida. Sólo hay que cuidarse del karma. El olfato está muy relacionado con la glándula pineal y por eso una de las primeras cosas que ocurren es el desenvolvimiento de una extrema sensibilidad olfativa.

CLAVES PARA CONOCER LA VIDA INMEDIATA ANTERIOR

En virtud de leyes cósmicas, es prácticamente imposible que una persona haya nacido en el mismo país en la vida inmediata anterior. Es casi seguro, nació de otros padres. Se puede identificar si fue hombre o mujer en virtud de los rasgos faciales y corporales, si son fuertes o delicados o por sus expectativas y tendencias sexuales.
En siete vidas, el perfil no varía esencialmente en la conformación craneal. El augoides, o sea la permanencia de la condición sexuada psíquica, va a ser el mismo por siete vidas consecutivas. Los Lipikas, los Seres Arcontes que dirigen el destino o karma, al no tener emociones, son jueces certeros que rigen el destino. Están dirigidos por los grandes seres que son los Maharishis. El intelecto es limitado, la Intuición superior es limitada, pero la Iluminación es ilimitada.
Por medio del cetro del poder que se aplica sobre los chakras, de quinientas a setecientas horas de aplicación, se puede producir el efecto de siete a ocho vidas de trabajo sobre sí mismo; esto equivale en términos iniciáticos, a lograr la iluminación.
Se hace la salvedad en el caso específico de las mujeres en edad menopaúsica, de que no deberían usar el cetro durante el tiempo en que atraviesan por cambios hemorrágicos.
El desarrollo de los chakras afecta a los órganos de excreción. Produce más sensibilidad a ciertas enfermedades, también a ruidos fuertes, olores, sabores. La sensibilización aumenta notablemente.
A veces las personas se sorprenden ante el efecto o impacto

tan fuerte que sobre el cuerpo físico ejerce la imposición del cetro. La explicación se halla en el hecho de que la energía pasa y penetra por los chakras. Estos no pertenecen al cuerpo físico, pero tienen su contraparte en todos los cuerpos. Aunque los chakras giren a la inversa existe un tipo de fuerza, necesaria para la ulterior evolución del ser humano, que requiere de un trabajo sobre los chakras, en los cuales se imprime esa energía cósmica vibratoria de octavas superiores.

El cuerpo causal o alma es el vehículo de comunicación entre el cuerpo físico, las emociones, la mente y la mónada. Porque de una vida a otra cambian todos esos aspectos y ¿cómo no van a cambiar si en una misma vida, y hasta de un minuto a otro, el hombre cambia?

Pero de cada encarnación quedan átomos permanentes, los skandas, que guardan memoria concentrada de las encarnaciones anteriores. El temperamento viene con cada vida, es el Rayo de cada uno. El carácter cambia. Puede mejorarse o empeorar. Lo que en verdad liga una vida con otra es la ejecución de la ley del Karma, el destino. Ascendemos a un nivel más elevado de existencia cuando incrementamos el conocimiento. En medio de la personalidad hay chakras, que pueden vincularse con los ganglios. Los chakras son los puntos de conexión entre el cuerpo físico y los cuerpos etérico, astral y mental. Cada centro tiene su propia mente, emociones, instinto y aspecto motor. Cada centro contiene una porción de los otros. El cuerpo físico en su conjunto representa al centro motor.

La emoción es algo que nace de adentro. El sentimiento es la respuesta a algo externo. Sympathos es la palabra griega que significa sentir con, y de la cual se deriva el vocablo español simpatía. Empathos es también un vocablo griego cuyo significado es dentro de, o sea, empatía. Ambos reflejan la diferencia consustancial entre una emoción y un sentimiento.

Afirmamos nuevamente que la creación del alma inmortal es tarea de siglos, en múltiples cuerpos y personalidades a través de encarnaciones del Espíritu.
La Teoría y Enseñanza de la Rencarnación, fueron enseñadas por Pitágoras y los grandes filósofos y fundadores de Religiones en todos los tiempos.
La Reencarnación fue enseñada por Jesús, cuando dijo a Nicodemo: "tendrás que renacer de agua y del espíritu".
También cuando habló de Elías en la persona del Bautista, y de cómo no lo habían reconocido.
La palabra misterio aparece múltiples veces en la Biblia.
Jesús tenía dos tipos de enseñanzas: una para los discípulos y otra para las multitudes. Kerigma es palabra de origen griego, que significa proclamación. Didake es igualmente de origen griego y quiere decir la Enseñanza.

El Proceso de la Muerte: cesación del impulso vital; desencarnación y transición.
1. Muerte del cuerpo físico.
2. Desprendimiento del cuerpo etérico y astral, respecto del cuerpo físico. Lo que a veces algunos clarividentes perciben en los cementerios es el cuerpo etérico, o sea, la vitalidad magnética del aura.
3. Durante el sueño del alma o recuento de las experiencias de toda la encarnación anterior, se comprende a plenitud la vida que se acaba de vivir. Puede durar semanas, meses o hasta años.
4. Después queda el individuo que acaba de abandonar la vida del mundo físico, rodeado de sus emociones más bajas. Está durante ese período sujeto a las características de su nivel evolutivo. Así, un individuo que en vida tuvo adicciones de cualquier naturaleza, sigue apegado al objeto de su deseo, y la ausencia de él, su imposibilidad de realización al carecer ya de la vida física, es fuente de gran sufrimiento.

5. Cuando el proceso anterior finaliza, pasa entonces a la vivencia en el cuerpo mental. Es un proceso donde se viven las ilusiones y sueños que en vida no se pudieron realizar. Es el cielo o Devachán, donde se produce la compensación psíquica de las ilusiones y anhelos que no fueron satisfechos en la existencia que acaba de concluir. Ahí permanece hasta que se disuelve y los seres que ponen en marcha el karma, los lipikas, determinan que vuelva a reencarnar.

Los sueños tienen significado sólo cuando son interpretados adecuadamente. Son un instrumento para la proyección del inconsciente. En la vida después de la muerte, los sueños del vehículo astral son catalizados por el cuerpo causal.

De la muerte se conoce apenas los signos físicos que la manifiestan. Se reconoce como tal la muerte cerebral, a pesar de que las vísceras continúen realizando su función por un corto tiempo. El pelo, las uñas parecen crecer, por contracción de la piel, durante un cierto período. También hay otros signos externos como el bostezo de los muertos o los movimientos neurológicos que pueden incluir secreciones mecánicas y hasta lágrimas, debido esto a que no se ha completado aún el proceso de separación de los cuerpos físico, etérico, astral y mental y entre estos mismos.

Fases post mortem:

Letargo o limbo

1. sueño del alma. Se ve en la propia luz astral como en una película todas las experiencias de su vida pasada. Utilidad del recuento retrospectivo para controlar y acelerar el recuento del alma. Ese es un momento peligrosísimo para que ese alma sea despertada o sea, atraída al mundo de la existencia condicionada.
2. sueño de lo que hubiera querido ser. En conciencia traslúcida no hace falta pasar por esta fase.

Los Lipikas equilibran el karma según lo que corresponde acorde con las leyes. Son seres-leyes. La Reencarnación es

Cultos Ocultos

una Ley general trazada hasta que por el desarrollo del alma se alcanza la liberación.

Por este motivo en el Camino Esotérico se nos hace aprender a usar la alquimia, la transmutación mental, durante los empellones de la vida. No hay que lamentarse ante los sucesos que ocurren en la vida. Distinguir entre el Karma y la Ley de Accidente es primordial. El Karma es el destino. Se vence la Ley de Accidente cuando se llega un nivel de conciencia que permite que sólo suceda lo que corresponde al destino de cada uno.

Hay que comprender en qué forma utilizamos nuestro tiempo vivo (entre los aspectos pensante, emocional, motriz e instintivo).

En el renacimiento del alma en un cuerpo celular bajo leyes biológicas, hay factores cósmicos que intervienen en los padres biológicos. La energía del átomo permanente se retrotrae a un punto. De acuerdo con sus deudas kármicas, ese átomo permanente, bajo la influencia del rayo de la Creación y todas las fuerzas cósmicas, entra en el padre de la criatura. En general lo hace a través de los alimentos y luego pasa en el semen al óvulo en el momento de la fertilización.

A partir de ahí empiezan a actuar nuevos factores en la nueva criatura, paulatinamente:

a) digestivo,
b) motriz- respiratorio. Durante los primeros veintiocho días lunares y luego del nacimiento, veintiocho veces veintiocho, hasta llegar al momento en que empieza el crecimiento de:
c) la personalidad. Se integra a partir de las influencias, impactos e impresiones del mundo exterior. El alma, lo que nos anima, entra en el cuerpo celular de la personalidad durante el proceso respiratorio inicial.
d) temperamento, procedente de las vidas pasadas.
e) carácter, se forja en el hombre con la experiencia vital.

La glándula timo se relaciona con Kundalini y el órgano

Kundartiguador. El timo se transforma en sus componentes de octavas alquímicas en las substancias hormonales de la glándula tiroidea.

El espín o fuerza del vril y los vitatrones están en las espirillas que hay en todas la células del cuerpo, pero las que nos interesan son las neuronas cerebrales. Las espirillas son movidas por las fuerzas sutiles de la naturaleza, en medio de los kilómetros de tejido del sistema nervioso y los muchos metros de largo de sistema circulatorio. En el ulterior desenvolvimiento de la individualidad encarnada que en vida anterior realizó prácticas de técnicas ocultas, resulta que la sabiduría es digestión del conocimiento adquirido con anterioridad. Procesos luminosos y sonidos musicales, también llamados "música de las esferas" se producen en el cuerpo causal cuando un ser muy desarrollado pero no liberado aún, con un grado elevado de conciencia, ya ha pasado por el sueño del alma, que es muy rápido por el proceso de recuento retrospectivo realizado diariamente. Esta práctica es parte esencial del Camino de Desarrollo, puesto que al ser hecho así, se acorta el sueño del alma, y se retrotrae al cuerpo causal directamente, sin pasar por los cuerpos astral y mental.

Para alcanzar la liberación se requiere:
- trabajo sobre sí, que comprende la meditación, con exteriorización; el estudio y el recuento retrospectivo diario, semanal, mensual y anual.
- purificación de los vehículos físico, etérico, astral y mental, o sea limpiar el karma, transmutándolo por medio del Karmarless (transmutación del karma personal y su reducción y eliminación).

En el Esoterismo, el código central de ética se define así: "la práctica incondicional del altruísmo es su aspecto activo; la no resistencia al mal es el aspecto pasivo".

Para liberar el karma, primero hay que cumplir con el deber verdadero o Dharma de cada uno. Darle cumplimiento a la Voluntad Divina para con nuestra individualidad.

El alma se crea de dos maneras únicamente: por el trabajo consciente o por el sufrimiento. Hace falta romper el círculo de Mekenes o de trance hipnótico en que normalmente vive todo hombre. Es la mejor vía para alcanzar la liberación. El auto-recuerdo en todo instante del día es el camino hacia la autoconciencia, hacia la Exaltación del Alma y por consiguiente, hacia la emancipación de la rueda de los placeres y sufrimientos en la vida.

EL ENEAGRAMA Y EL NOVENO HITO

El amor y la muerte son uno. La continuidad es causada por la recurrencia o Quinta Dimensión. El tiempo del hombre no está marcado por las generaciones de células, sino por su eternidad. La impresión dejada por una vida, crea el esquema de la vida siguiente. Esta es la huella de la esencia. Esto sucede en el plano de la recurrencia, de la eternidad. La suma de todas las vidas sucede en la Eternidad.

Lo que fue crea lo que será. Este axioma rige la Ley del Eterno Retorno. El cuerpo molecular cambia con las encarnaciones. Conociendo la alquimia humana se puede con sólo nueve respiraciones cambiar el estado de ánimo. Hay que optimizarse. Esto significa poner la mente en lo óptimo; en otras palabras, pensar en grande. El trabajo sobre uno mismo comienza cuando nos dicen no.

Hay energías que van más allá de la vida. El trabajo de la Doctología hace que esas fuerzas actúen sobre uno mismo.

Aprender a identificar el momentum de cada persona requiere:
a) sinceridad, ir directo al punto hace llegar primero. "Nada humano me es ajeno".
b) entender que hablar de más provoca el cometer errores

(como decía también Terencio), y significa "en el mucho hablar no faltará el pecado".
c) discreción. "El que se excusa, se acusa".
Las probables causas de las cosas siempre vienen de lejos y de arriba. Cuando dejan de ver lo que pueden, ignoran lo que tienen cerca. "Si yo tuviera todo el poder del mundo cambiaría todo pero si tuviera toda la sabiduría del mundo tal vez dejara todo como está".
En el Eneagrama existen vórtices que son los agujeros negros, o puntos de entrada entre el mundo físico y el astral. El mundo astral es un mundo de antimateria.
Paul Eluard, el poeta francés, dijo: "Hay otros mundos pero están en éste". Todo queda grabado en las partículas en vibración que componen la materia. Surrealismo es el impulso del esoterismo en la literatura y el arte.
He aquí para los iniciados, una nota surrealista: La sal en el mundo astral es blanca y fina. En el mundo astral casi todos los relojes tienen la misma forma. Son de color rojo, con esfera y manillas. La sal, sin embargo, es el único objeto físico que se ve idéntico en el mundo astral.
El uso del cetro del Poder abre canales que la naturaleza ha cerrado para su protección. Cuando entre los siete y nueve años desaparece la glándula timo, la energía va hacia el órgano kundartiguador, el plexo llamado nadi, y es la energía de kundalini.
El cetro abre cuidadosamente el pseudo prepucio que envuelve el órgano kundarfer. Si kundalini se despierta y baja, entonces vitaliza todas las energías inferiores. Hay cuarenta y nueve chakras. El cetro del Hierofante debe alcanzarlos todos. Se establecen entonces islas de conciencia en el sueño, se intercomunican en el continente de la práctica del Arcano (Tantra).
El proceso de la conciencia es lo que permite el llamado de sí. Los momentos conscientes ocurren cuando algo nos

despierta. La vida no es simplemente existir, hay que darle un contenido.
El Eneagrama se manifiesta al nivel de todas las sociedades. Los Nueve Sabios Incógnitos actuales están al frente de las nueve ramas del conocimiento que son fundamentales para el desarrollo de la Humanidad. Las cabezas externas de las Ordenes o Sociedades Secretas son llamadas los Superiores Desconocidos o Magos Incógnitos. La Gran Fraternidad Blanca tiene situados a Nueve Sabios Incógnitos en las principales áreas para el progreso de la Humanidad. El príncipe Racockzi rige este momento histórico. Los Nueve Sabios Incógnitos están en el mundo para impedir que las fuerzas del mal obtengan una completa victoria en lo que concierne a los individuos que son iniciados en Ocultura.
El biorritmo puede ser planetario, solar o cósmico. Para convertir, usando el Eneagrama, el destino en aquello a lo que uno aspira, hay que transformarse en un sujeto autodeterminado.

CHAKRAS

Las Fraternidades Herméticas enseñan desde la época de los hiperbóreos, los andróginos, los lemures, atlantes y los que proceden del Edén de la Historia conocida, que existen líneas de energía que atraviesan los diferentes vehículos. Los chakras hacen que la energía se mueva con más fuerza y para reciclarla hay que hacer los ejercicios que son parte de la enseñanza de toda verdadera escuela iniciática.
Los chakras del cuerpo mental se mueven dando vueltas sobre sí mismos. El más grande y más fuerte de todos es el chakra coronario. La inteligencia se manifiesta en el tamaño de ese chakra, que actúa como los ojos del mundo mental.
El centro laríngeo, o de la garganta, está en directa relación con la facultad de expresarse en lenguaje articulado. Hay sin embargo animales que pueden reconocer y asociar por medio

del instinto, el olfato y el oído sobre todos los demás sentidos.

Los centros o chakras especializan la energía psíquica, emocional y física y eso se transforma en el temperamento con el cual se nace; por el contrario, el carácter se forja. Thelema es la voluntad de la Voluntad. Cuando esta trilogía está armonizada, crea el alma inmortal como plenitud de la armonía entre temperamento, carácter e individualidad.

Existen bloques en los chakras. No hay que olvidar que los chakras son los únicos medios de absorción del cuerpo. Para desarrollarlos se necesita la ruptura del bloqueo telúrico o anillo telúrico. Los límites son los bloques de los chakras.

Y es que al fallecer una persona, sus átomos permanentes se retrotraen y los chakras se contraen. Cuando reencarna, los chakras se expanden nuevamente en un cuerpo nuevo. Los chakras son los mismos en todas las vidas. El giro de los chakras hacia la izquierda hace que la persona esté sujeta a los Lipikas pero no al karma general de la humanidad.

Entonces, ¿cómo conocerse en el cuerpo astral y en el mental? Al tener conciencia en el mundo astral el individuo se desdobla porque sabe que puede ver por todas partes de su cuerpo a la vez. Por ejemplo, el chakra cardíaco ve en el mundo astral porque puede moverse en todas direcciones (arriba, abajo, hacia los lados). En el mundo astral se ve todo a la vez en todas sus facetas y dimensiones y existe proyección de la percepción visual. En el mundo mental se puede percibir con mayor profundidad. Cuando se mueve la percepción, o sea, el chakra cardíaco, se puede penetrar en el cuerpo astral. Sólo se penetra en el propio cuerpo, no en el de otro. Ese es el modo de autorreconocerse. Mediante cierto tipo de ejercicios se logra alcanzar la conciencia lúcida en el sueño. Se facilita de ese modo el trabajo del intelecto; hay porciones que despiertos no usamos y sin embargo, en el sueño se ponen en funcionamiento. Uno puede resolver un problema en el sueño cuando en el período de vigilia no ha podido hacerlo. A un nivel superior se facilita el contacto con seres superiores en el plano astral, programando el encuentro con ellos en el sueño. También se facilita la entrada en el plano astral cuando llegue el momento del sueño de la muerte, ya que el sueño es el estado más próximo en vida a la muerte.

El Supremo Avatar enseña que el cetro al abrir los centros trae a la memoria las vidas o encarnaciones pasadas. El propósito del cetro es combinar todas las fuerzas. Los chakras localizados en las manos son muy absorbentes de energía. La purificación del organismo en ciertos momentos, para la realización de determinadas técnicas y prácticas, requiere una privación de cierto tipo de alimentos, los más tóxicos.

En el trabajo sobre los chakras o centros, se usan diferentes clases o variedades de cetros. Cada cetro debe estar dedicado, consagrado por quien tiene el poder, para el propósito que se pretende. Inspiración e Iluminación son los aspectos femenino y masculino de la Intuición. Kundalini es la Intuición obrando en plenitud. Cuando una persona es abierta con el cetro, lo primero que debe salir es la energía negativa que el sujeto tiene dentro.

El cetro del poder promueve, desarrolla y enaltece, de modo que la función de la Intuición es suplir cuando la inteligencia no puede llegar más allá. La Intuición tiene un límite dentro del Sistema Solar. Por medio de la Iniciación se produce la transparencia a la Iluminación. El fuego de kundalini quema lo más bajo de la naturaleza humana. La Intuición corresponde al plano akhásico.

Por eso, cuando se produce la toma de control por un yo diferente, la causa es la usurpación de funciones por un centro distinto. En palabras de Gurdjieff: somos seres tricerebrales, con tres centros, mental, físico y emocional que en la mayoría de la gente están totalmente desajustados, desalineados y descoyuntados.

El chakra del bazo capta el prana y lo remite a otros chakras. Por el trabajo sobre sí mismo uno puede hacer que todos los chakras absorban el prana. El peligro del bazo reside en que está ligado a los chakras de las rodillas y centros sexuales que pueden hacer que la persona llegue a caer en la Magia Negra o en circuitos de mecanicidad que aumentan el automatismo inconsciente.

Existen chakras en cada uno de los vehículos del ser humano, excepto en el cuerpo físico, es decir, hay chakras o ruedas de energía en el cuerpo etérico, el astral, el causal, etc. Tras la muerte del cuerpo físico, siguen los chakras operando en los cuerpos a que pertenecen.

Los centros, a la manera en que Ouspensky los describe en su obra "Psicología de la Posible Evolución del Hombre", tienen diferencias de velocidad entre unos y otros. La velocidad es mayor en los centros motor e instintivo que en el emocional. Este a su vez, es más veloz en sus procesos que el centro intelectual.

Esto explica las diferencias de velocidad entre los procesos físicos y psíquicos del organismo humano. Los centros emocional e intelectual están divididos en dos partes, positiva y negativa. La mayoría de las emociones negativas no corresponden al centro emocional. Son sólo consecuencia de cambios inducidos por efectos externos. Esto hace que sensaciones sean interpretadas como emociones por error.

Las corrientes de las espirillas vibran en respuesta a ondas etéreas de todas clases. Las espirillas tienen siete espiras sutiles que dan las siete notas musicales y los siete colores del espectro. El espacio vacío no existe. La densidad del koilón es infinita.

Como se enseña en las Escuelas Místéricas, el aparato perceptor del hombre está hipertrofiado en parte y es mal utilizado en otra porción. El tanja o anhelo de vivir evita el estancamiento en el Universo y en el Hombre mismo, de lo contrario, la evolución humana se estancaría.

El cuerpo astral tiene de frente una luminosidad y de espaldas, otra. Los chakras sólo brillan de frente. Un cuerpo astral de un ser femenino emite una radiación en el centro del ovoide igual delante que detrás. Es radiación, no luminosidad. Se percibe al nivel de los genitales. No todo el mundo lo posee en la misma forma. Una mujer que no haya tenido relaciones sexuales emite una forma leve delante y detrás. Los hombres homosexuales emiten radiación por detrás, no sólo por delante. Esto opera en función del despertamiento del centro focal de la sensitividad sexual.

El chakra de la sensibilidad es el central del cuerpo astral. Se trata del cardíaco, en el pecho, aproximadamente debajo del esternón. Los chakras astrales son distintos de los del cuerpo etérico. Son muy propensos a moverse, como si palpitaran, no permanecen fijos.

SEGUNDA PARTE

CAPITULO 5

Reseña histórica de las Sociedades Secretas.- Las Ordenes Místericas. Las Fraternidades iniciáticas y las Escuelas Esotéricas y su legado.- Los Cultos Ocultos.- La diferencia que los destaca.- La Ideología que los acerca.- Paralelos históricos.- Las Sectas y los Cultos: Aberraciones místicas versus Iluminismo humanizado.- La Tristeza en medio de lo sublime y lo ridículo.

En la reseña histórica de las Sociedades Secretas, expongo el concepto doctrinal de la Doctología, o sea, Ocultura Universalis, que en síntesis asume a la Divina Entidad Cósmica o Ser Supremo como la fuente de la Vida, la Consciencia y Evolución dentro del Universo. Este sistema define a Dios como Vida Inmanente y Forma Trascendente dentro de cuyo Macrocosmos todos vivimos, nos movemos y tenemos nuestro ser; pero al mismo nivel simétrico la Suprema Entidad Cósmica dirige su decursar evolucionario en el Universo manifestado de forma Trina o sea que en sus diferentes aspectos crea todo lo que existe (de la Nada, nada sale), lo cual ocurre por virtud de su Suprema Voluntad; luego le da consciencia en otro de sus aspectos a esa Existencia que ha creado en el espacio y finalmente en el plano del tiempo la hace evolucionar como emanación de otro de sus aspectos y lleva a la activación de esa raíz de la substancia (Mula-Prakriti) por la incorporación del Espíritu (Purusha). La declaración más importante en ese contexto es que la Divinidad a todos los niveles: cósmico, galáctico, solar, planetario, individualizada es siempre expresión de Poder Absoluto, Sabiduría Amorosa y Actividad Determinada.

Cultos Ocultos

Esto anterior significa que Dios es Amor y por lo tanto el resultante y causa esencial del Bien.

Todas las Fraternidades Herméticas, Escuelas Esotéricas, Ordenes Mistéricas y Sociedades Secretas genuinas y auténticamente ocultas (o sea, dentro del marco ideológico de Ocultura Universalis), son Teístas, lo que quiere decir afirmativa y categóricamente, que sustentan la convicción de la existencia del Ser Supremo, de Dios.

En la exposición que presento a continuación se delinean las organizaciones ocultistas que han aparecido dentro del proceso evolucionario del pensamiento en la Historia del planeta Tierra.

He tomado nota de las organizaciones madre y por eso me he referido a la substancia más que a las formas, al origen y propósito más que a los desprendimientos orgánicos que en la mayoría de los casos no han hecho variar ni la ideología, doctrina o filosofía que pudieran sustentar, sino que el liderazgo ha variado, ha sido renovado o tomado otras vertientes y rumbos en el aspecto institucional. Ejemplo de ello puede verse en la Orden Templaria y sus múltiples ramificaciones posteriores y el martirologio en manos de la Inquisición de su último Gran Maestre histórico, el Caballero Jacques de Molay. Lo mismo ha ocurrido con la Orden Martinista y sus posteriores ramas Sinárquicas y Kabalísticas. Igual evento pasaría con los Rosacruces y sus múltiples corrientes y más recientemente, en el siglo XX con la Sociedad Teosófica ideada y fundada únicamente por su creadora, la más grande iniciada de todos los tiempos, la señora Helena Petrovna Blavatsky, después de cuya desencarnación, se dislocaría en diferentes tendencias, algunas con el mismo nombre, otras con nombres distintos pero con el mismo cuerpo ideológico al que su ilustre fundadora definió con la antiquísima palabra Teosofía.

De la filosofía teosófica surgieron también la Sociedad Antroposófica de Rudolph Steiner, la Escuela Arcana de

Arzobispo Dr. Roberto Toca

Alice Bailey, la Fraternidad Rosacruz de Max Heindel e incluso las distintas oleadas del I Am Presence, The Bridge y luego, entre otras vertientes, la Iglesia Universal y Triunfante de Mark y Elizabeth Clark Prophet.

Por otra parte también en el último siglo del II Milenio de nuestra era cristiana se produjeron los fenómenos sociológicos que dieron lugar, al morir "el hombre más extraño de este siglo", Georges Ivanovitch Gurdjieff, a las variopintas ramas surgidas de su Instituto para el Desarrollo Armonioso del hombre y que sustentan la misma filosofía de Gurdjieff llamada el Cuarto Camino con el Quinto Poder por su discípulo P.D. Ouspensky, y que ha derivado en la Escuela Bonfill de Osram Mihail Aivanhoff; la Iglesia de la Tierra de Rodney Collin y tantas otras que llegan hasta las corrientes del Eneagrama Psicológico de varios expositores, al Instituto Arica de Oscar Ichazo y los grupos de Maurice Nicoll, Boris Mouravieff y los sucesores de Mme. Salzman y la Gurdjieff Foundation.

Junto a las influencias de la Tradición Externa procedente del Asia, y de la Europa medieval, debo analizar brevemente también la presencia de cultos africanos que fertilizan la magia antillana y latinoamericana. De las fuentes de la espiritualidad africana tenemos el paradigma de las tradiciones Yorubas y Lukumíes que llegaron a tierras de América con los esclavos negros en los tiempos de los encomenderos de la colonización española, inglesa y portuguesa.

La Santería, el Palo-Mayombe, el Candomblé, el vudú, la hechicería sincrética afro-cubana y afro-brasilera, produjo también sus sociedades secretas. Tal es el caso de la secta de los negros yáñigos y el culto de los abakuá que resultaron los más destacados aunque no los más comprendidos. Estas líneas mágicas se explican en el contexto de la antropología más que en el de la ideología ya que casi todos estos ritos estaban imbricados en el sincretismo religioso de sus

Cultos Ocultos

orígenes africanos y la subsecuente intrusión de la parafernalia del panteón católico-romano adquiridos por "la fuerza de la persuasión" de los misioneros conquistadores.

Igualmente es necesario dejar sentado que las formas de pensamiento anteriores a la Historia, como las procedentes de la Hiperbórea, la Lemuria y la Atlántida se reflejan en otra obra de esta serie que dedicamos a las civilizaciones terrestres desaparecidas y a las culturas extra-terrestres.

He omitido ex-profeso el análisis de las aberraciones sectarias de mediados del siglo XX como fueron la Iglesia del Diablo, el Templo de Set y otros cultos satánicos, a veces por ignorancia o por conspiración, confundidos con los genuinos cultos ocultos que nada tienen ni pueden tener de satánicos por la esencia divina que los sustenta y promueve. Harto es sabido que el diablo paga mal a quienes bien le sirven, y eso fue lo sucedido con el autor de la Biblia Satánica y fundador de la Iglesia del Diablo y sus corifeos y apóstatas como Michael Aquino y su Templo de Set; los seguidores del culto e infortunado exégeta de la Geoecia, Aleister Crowley. Desdichadamente en Taumaturgia (Alta Magia) la capacidad de obrar (Erguein) está sometida a la Ley de Thelema (Voluntad de la Voluntad) que se revuelve contra aquellos que osan transgredir las leyes cósmicas, pervirtiendo lo sagrado en su contaminación con lo profano. Eso fue lo que llevó al rapto de locura al Frater Perdurabo (Aleister Crowley) y a otros que intentaron juzgar la magia sin conocer lo que es la Teurgia. Al decir de Eliphas Levi, la Alta Magia es sola y únicamente para "sacerdotes y reyes" en su connotación mistérica.

En este libro he puesto énfasis en el aspecto doctrinal más que en los afanes estructurales, por lo que la obra es mucho más que una Guía de sectas y sociedades que han funcionado o funcionan en secreto, para concretarse en la profundización del misterio subyacente en las corrientes originales y las vertientes posteriores de los cultos ocultos, o sea, en las agrupaciones humanas cuya sociología se imbrica en el estilo de pensar y concebir el universo en base a postulados de la Ciencia Secreta y sus derivaciones históricas. El sentido primordial de este tratado es mi propio ejercicio de la auténtica interpretación del fenómeno cultural y cultual desde adentro.

Finalmente, una palabra a los inquisidores del medioevo reencarnados en el dicasterio vaticano de la Sagrada Congregación para la Doctrina de la Fe que redactó la Encíclica "Razón y Fe", acuñada con su signatura por el Papa Juan Pablo II y que aún reconociendo los valores que subyacen en lo que ellos califican como sectas y cultos, especialmente ubicados en la línea de la Nueva Era (New Age), pretenden desvirtuar conceptos y tergiversar postulados por el supremo temor del magisterio del Imperio Romano Contemporáneo de perder clientela y botín. La Gran Ramera una vez más intenta arremeter contra el pensamiento liberal y pan-ortodoxo que no se le somete. Pero estos últimos estertores de la Bestia Madre de todas las Abominaciones tendrán en su propio plano de acción el mismo destino de Torquemada y sus émulos, o sea, que irán a parar al basurero de la Historia. El futuro de la Iglesia Católica Romana será incuestionablemente certero: se unirá en lo eclesiológico a las ramas ortodoxa, anglicana y vetero-católica y asumirá en lo teológico una teología gnóstica y esotérica. La Arcaica Enseñanza Iniciática de Ocultura Universalis estará llamada a servir de puente de intercomunicación que llevará inexorablemente a la unicidad ecuménica de todas las denominaciones del Cristianismo ante la inminente reaparición del Señor de la Historia: el Cristo Cósmico.

La Doctología tiene su propia interpretación del fenómeno histórico, antropológico, psicológico y sociológico de los Cultos Ocultos. Aquí se da una reseña de los Cultos que además de componer todas las variantes que los convierten en tales, a la vez tienen la característica de ser secretos.

Cultos Ocultos

Aunque esta muestra incluye todos los Cultos que son Ocultos, estos tienen la dual connotación de ser ocultos por el misterio que los envuelve y también por el hecho gnoseológico de estar dedicados a cultivar, a culturizar una experiencia de universalidad que se inserta en las Fraternidades Herméticas, las Escuelas Esotéricas, las Ordenes Mistéricas y las Sociedades Secretas.

Ya que culto es una forma de cultura, una tónica de una y otra civilización e hito histórico y también una manera particular de expresar adoración, manifestar devoción y plantear una modalidad de vivir, pensar y enseñar, aquí he tomado lo más patente de cada tendencia ritualística o mágica, de cada modalidad ideológica y por supuesto de los fundamentos originales de cada vertiente.

En general el gran público y las gentes poco versadas en la Historia de la Filosofía o en la Religión comparada, suelen confundir secta con culto y ocultismo genuino con algunas perversiones o mixtificaciones de conceptos básicos dentro del Esoterismo Auténtico. Reconoce la Doctología las influencias ejercidas y sostenidas del Ocultismo en sistemas tales como los Hare Krishna, fundado por Swami Prabupada, o la Auto-Realización de Paramahansa Yogananda o los Brahma Kumaris, de Sri Brahma, el de los thelemitas, al estilo de Aleister Crowley o los cienciologistas, que siguen los planteamientos del creador del Dianetismo L. Ron Hubbard o los seguidores del modelo teosófico post-blavatskiano que erigieron los movimientos de "La Divina Presencia: Yo Soy", el Puente o Summit University de Balard, Mark Prophet y de otros más recientes como el de la corriente de Drunvalo, y otros "modernistas" que si bien pudieran ser catalogados como cultos, no necesariamente siguen un sistema metodológico de Ocultismo Secreto.

Por ello el enfoque que plantea Ocultura es de una cultura oculta transmitida desde las Escuelas de Misterio de la Historia no conocida, como por ejemplo entre los

Hiperbóreos, los Lemures y los Atlantes, hasta sus continuadores en la Historia conocida cuya superficie y profundidad se exploran plenamente en esta Obra. La vieja máxima de los Mahatmas define el Ocultismo como "la apoteosis del sentido común", que para muchos es el menos común de los sentidos. Vamos pues a la exposición del genuino Ocultismo, no los subproductos fantasmales y espúreos de algunas sectas que de oculto no tienen ni siquiera el nombre, por no mencionar la ausencia de la auténtica Gupta Vidya. Nuestra definición doctológica de la Arcaica Enseñanza Iniciática de Ocultura Universalis se muestra por la verosimilitud de las vertientes que la integran dentro del contexto de la Gran Fraternidad Blanca de todos los tiempos, de las Grandes Logias TransHimaláyicas y de su contemporánea integración bajo el imperio del Cónclave de la Internacional de la Iniciación.

El Taoísmo: Camino y Cruz

Su fundador fue el gran iniciado chino de nombre Lao-Tse, que significa "viejo maestro", nacido aproximadamente en el año 604 antes de Cristo, en la zona de Chow, China. Tuvo una infancia y juventud difíciles, desempeñando los oficios más duros. Llegaría a ser archivero imperial. Hombre de humilde grandeza y trascendencia, Lao-Tse fue un gran místico. Analógicamente en el Taoísmo, la religión del Antiguo Egipto y el Cristianismo, los símbolos de la Cruz representan el Camino. Tao es Cruz y a la vez Camino. Lo mismo que en la Iniciación Mistérica egipcia la Cruz es la llave de la Vida (Eterna) y es el Camino hacia su obtención. En la religión fundada por Jesús de Nazaret, el Cristo, la Cruz constituye el Camino hacia y a partir de la Cristificación o liberación del Cristo interior. Recordemos que a partir de la constitución de la Iglesia en Antioquía los seguidores de Jesús comenzaron a ser llamados cristianos. Hasta entonces se les denominaba los "del Camino" en referencia a lo que el Cristo dijo de sí mismo: "Yo soy el Camino, la Verdad y la Vida".

El Yoga y los yoguis

En la India el más importante y extensamente conocido de sus seis sistemas de pensamiento ortodoxo es el Yoga. El término yoga procede de dos raíces sánscritas: Yug y Ghan, y significa unir o reunir. Hace referencia tanto a la unión del hombre consigo mismo, como a la integración y unión del hombre con Dios o liberación. Se originó como sistema soterológico en la India y ha tenido una inmensa influencia en todo el pensamiento indio en general. Sus practicantes se llaman yoguis y existe una variedad de yogas: Hatha Yoga para el control del cuerpo físico; Radja Yoga, que utiliza la voluntad liberada; Kundalini Yoga, que maneja el fuego serpentino; Mantram Yoga, que entona sonidos vocales y mágicos; Bakthi Yoga, el cual impele a la devoción; Karma Yoga, que actúa sobre la acción y el modo de obrar; Gnana Yoga, que trabaja sobre el conocimiento y la inteligencia.

Iniciación Tántrica Budista

En el Tíbet, el budismo se entremezcló con el tantrismo, y con la primitiva religión Bon-po creándose así una forma iniciática completamente original, donde el neófito va siendo iniciado progresivamente, a medida que se va conociendo y purificando. La función del Maestro en tal sistema es orientar. Se practica la meditación centrada en los principios superiores del budismo, con la ayuda de los sagrados textos y siempre orientada hacia uno mismo. Pero, mediante estas prácticas de introspección, el discípulo va aproximando su mente a la realidad, y se va preparando para alcanzar planos superiores de conciencia. La iniciación une espiritualmente a maestro y discípulo en comunión mística. Los ejercicios de técnicas yogo-tántricas abundan en la enseñanza esotérica. En tibetano la enseñanza recibida por el discípulo se llama Rgynd-pa on Kadjupa. La meditación junto con el análisis y el examen exhaustivo llevan a la más elevada comprensión. El iniciado budista tiene como meta y paradigma cinco clases de sabiduría para su evolución espiritual: la absoluta o intuición; la diferenciadora, que sirve para diferenciar lo falso de lo real; la llamada transparente, que capta sin conservar; la niveladora, que permite encontrar las más sutiles semejanzas entre las cosas, y, por último, la sabiduría de lo divino, que conlleva el logro de la comprensión total.

Alrededor del siglo VII el budismo alcanzó el Tíbet, al hallar un terreno perfectamente abonado para su desenvolvimiento, porque el príncipe Srong-brtsansgam-po estaba desposado con dos mujeres budistas, una hija del emperador de China y, la otra, hija del rey de Nepal. Cuando el príncipe se convirtió a la doctrina gran parte de la aristocracia fue enviada a la India para instruirse sobre la enseñanza budista. El budismo se constituyó en religión nacional tibetana en el siglo VIII.

Sin embargo, sería con la aparición de un personaje clave, Santiraksita, extraordinario mago y ocultista, que el budismo tibetano recibiría un impulso fundamental. Se le llamaba también "el nacido del Loto"; el fue quien atrajo a Padmasambhava, devoto del tantrismo, en Nalanda, y lo llevó al Tíbet. Hasta entonces, el budismo, como doctrina no había arraigado totalmente entre los tibetanos, por su elevada espiritualidad y filosofía, que difícilmente podía desplazar la superstición predominante entre los habitantes de las aisladas regiones del Tíbet. La magia propia del tantrismo era el ingrediente necesario para su aceptación hasta imbricarse totalmente en la sociedad tibetana.

En el siglo XVI aproximadamente, fue fundada la secta de los cascos amarillos, también denominados gelugpas, una de las principales fuerzas dentro del Lamaísmo, opuesta tradicionalmente a la de los cascos rojos, los dugpas, que conservan una fuerte influencia de la primitiva magia bonpo tibetana, tántrica y adoradora de imágenes.

La Iniciación Astral de los Misterios en Egipto

Se llevaba a efecto en el Templo de Tebas, en el de Menfis o en la gran pirámide de Keops. El neófito debía pasar por muy diversas pruebas muriendo temporalmente en forma simbólica, para renacer eternamente en Osiris.

Los egipcios consideraban que el ser humano está integrado por el cuerpo físico, el Khan o cuerpo astral, el Khu o aliento vital, y el Bah o principio superior. Las artes adivinatorias y una gran variedad de elementos mágicos abundaban en su medicina. De ahí que fueran llamados terapeutas, palabra egipcia que significa sanador.

La iniciación iba acompañada de un elaboradísimo ceremonial secreto. El juramento de silencio, común a todas la iniciaciones antiguas y modernas, era obligatorio. Partiendo del autodominio y purificación físicos, debía llegarse a un autodominio y purificación mentales, emocionales y materiales. La Cruz ansata o llave de la Vida representaba el signo mistérico por excelencia en el camino de la autorrealización iniciática de la religión de los Misterios del Antiguo Egipto.

Hermes Trimegistus. Tetrarca Histórico del Ocultismo.

El Tres Veces Grande, cuyo nombre se ha asociado siempre con las ciencias ocultas, de quien deriva el vocablo "hermetismo". De las más de cuarenta obras que algunos autores le atribuyen, tan sólo se han conservado tres de ellas: "La Tabla de Esmeralda", "Primandro" y "Asclepios".
En "Primandro" Hermes asume el papel del discípulo, siendo Pimandro el encargado de revelarle la doctrina suprema,

aconsejándole disipar la ignorancia, vencer las pasiones, purificar el espíritu y solamente comunicar las verdades aprendidas a los iniciados. Después el propio Hermes dirige a su hijo en el logro de la sabiduría superior, señalándole los doce impedimentos básicos que todo hombre debe eliminar de sí mismo, como medio para lograr la iniciación: ignorancia, tristeza, intemperancia, concupiscencia, injusticia, avaricia, error, envidia, astucia, cólera, temeridad y maldad.

"Asclepios" contiene los elementos centrales de la doctrina; trata igualmente de la Iniciación y las enseñanzas herméticas.

"La Tabla de Esmeralda" es la obra cumbre de Hermes desde el punto de vista de la Alquimia. Su texto fue hallado grabado en una enorme esmeralda, por los soldados de Alejandro Magno en Egipto, de ahí deriva su nombre. Su valor esotérico es incalculable por sintetizar a la perfección los elevados principios del conocimiento oculto así como los pasos de la obra alquímica. Es la obra clave del Esoterismo de todos los tiempos, ya que encierra los llamados Principios Herméticos, las Leyes que rigen nuestro Universo expresadas en forma sintética y precisa.

La Iniciación de los Misterios Teatrales en Grecia

El origen de los Misterios de Eleusis se remonta al siglo VIII a. de C. y permanece estrechamente vinculado a ritos religiosos de fertilidad en la agricultura. El iniciado debe llegar a morir místicamente, para renacer y someterse a una transformación espiritual total. El concepto de morir para renacer es común a muchas iniciaciones, y las diversas sociedades iniciáticas le han concedido relevante importacia. El espíritu desciende y encarna en la materia, para después renacer a la vida divina, volver al seno cósmico.

Se cree que Triptolomeo fundó los Misterios de Eleusis tras su iniciación en Egipto. Eleusis, antigua ciudad de Atica, fue celebrada por sus Misterios, como lugar de la más alta iniciación, la clave de la enseñanza esotérica de la Grecia antigua, y continuación de los misterios de Isis del Antiguo Egipto.

Se utilizaba una pompa desbordante, un ceremonial externo llamativo y vivo colorido. Pero eso era sólo su aspecto exotérico, adentrarse estaba reservado únicamente para el iniciado.

Exotéricamente los Misterios de Eleusis se celebraban en honor de Deméter, diosa de la Tierra, para buscar su protección y agradecer sus favores; esotéricamente representaban el morir para renacer, la elevación espiritual y la plenitud del espíritu, una representación del mito de Proserpina. Proserpina, hija de Zeus y Deméter, fue arrebatada por Plutón. Entonces, Deméter frustró el crecimiento de los frutos de la tierra, con lo cual los hombres no podían realizar sus sacrificios, por lo que Zeus se vio obligado a pedirle a Plutón que le fuera devuelta su hija. Zeus, sin embargo, concedió el que su hija estuviera seis meses en un lugar y seis meses en otro. Mediante este mito se representa el crecimiento de los frutos de la tierra, desde la germinación de la simiente, hasta la floración y el fruto.

Existían dos categorías de misterios. Los grandes, para participar en los cuales era necesario haber obtenido la iniciación completa. Los pequeños misterios tenían lugar en un pueblo cercano a Eleusis, y además de tener relación con Deméter y Proserpina, la tenían también con Dionisios. Comenzaban con unas palabras de las hierofántidas o sacerdotisas de la diosa, dirigidas a los futuros iniciados, exponiendo la trascendencia de los ritos. Después venían las oraciones, ritos y purificadoras abluciones durante varias jornadas. Los pequeños misterios tenían lugar en febrero; los grandes, en septiembre, y únicamente cada cinco años.

Estos misterios eran obras teatrales en las que la Liturgia o ceremonial mágico se interfertilizaba con la Dramaturgia o actuación teatral lírica. De estos Misterios y de sus predecesores en la Misteriología egipcia y persa se desarrollan posteriormente en el Cristianismo, tanto la liturgia de la Eucaristía o Misa como los demás sacramentos. El escenario de los grandes misterios era la ciudad de Eleusis, y se celebraban durante nueve días y daban comienzo el trece de boedromion (el mes de septiembre). Reunidos y situados debidamente todos los neófitos daban comienzo los Grandes Misterios. Los aspirantes tenían que demostrar haber pasado los pequeños misterios y jurar que nada revelarían bajo ningún concepto de todo lo que allí les fuese enseñado. Después de múltiples ceremonias y ritos, donde los neófitos se veían obligados a veces a ayunar y otras a limitarse a determinados alimentos exclusivamente, se ofrecían sacrificios a la diosa Deméter, flores a Dionisios, ceremonias a Esculapio, procesiones y toda una larga y densa actividad iniciática.

Aunque se desconocen todos los detalles, existe la certeza de que se representaba el dramático mito de Proserpina. El adepto debe morir para renacer, pasar por las tinieblas para encontrar la luz.

El Gran Maestro Pitágoras y su escuela de Crotona

Se le ha definido como hombre genial, magnífico iniciado, sabio por encima de todo, sereno y modesto en su grandeza, fuerte intelectual, moral y físicamente, austero y disciplinado, razonador e intuitivo. Hombre dotado de sorprendentes facultades psíquicas, tales como la telepatía y la premonición, capaz de hacer milagros y curar, entenderse con los animales y viajar por el mundo invisible. Este gran hombre creó una verdadera escuela esotérica e iniciática. Vivió en Samos, viajó a la Gran Grecia, residió en Crotona y allí fundó una escuela iniciática cuyo modelo organizativo ha servido de base y patrón para las escuelas iniciatorias de siglos posteriores.

Era hijo de Mnesarchos, un joyero de Samos, y de Partenis. Vivió alrededor de los años 569-500 a. de C. En su infancia recibió la bendición del gran sacerdote del templo de Adonai. Su educación abarcó gran variedad de materias y disciplinas y se caracterizó por su solidez. A los dieciocho años estuvo en contacto con Tales, quien le sugirió que se encaminara a Egipto en busca de la fuente de la Sabiduría. Los sacerdotes de Memphis, antes de hacerle participar de sus secretos, le sometieron a muy difíciles pruebas morales y psicológicas, pero una de las características distintivas de Pitágoras era su férrea voluntad. La transformación espiritual exige un super esfuerzo, no es para débiles e indecisos. Permaneció durante largos años en Egipto, bebiendo en las fuentes del profundo y rico esoterismo del país llegando a ser iniciado en la magia egipcia. De allí pasó a Babilonia, e incluso a la India, instruyéndose así en su filosofía y su religión.

Su ausencia duró aproximadamente treinta años hasta que regresó a Samos, imbuido de la tradición esotérica, decidido a divulgar la Verdad del Conocimiento Superior entre los hombres. Pitágoras era vegetariano, y creía en la transmigración de las almas.

En Crotona, al sur de la Península Itálica, fundó su escuela en la cual se enseñaban diferentes disciplinas tales como matemáticas, física, misticismo, música y esoterismo.

Durante muchos años vivió solo, hasta que una de sus alumnas, una joven llamada Teano, se enamorara del maestro y tras mucho tiempo, siendo ella unos cuarenta años más joven que él, contrajeron matrimonio y tuvieron dos hijos (uno de ellos fue probablemente el instructor de Empédocles) y una hija.

Relatan los cronistas que Cilón, antiguo aspirante a la iniciación rechazado por el maestro por no considerarlo suficientemente elevado, generó tanto odio hacia Pitágoras que durante años buscó venganza. Cuando se desencadenó la guerra entre los democráticos de la ciudad de Sibaris y los del partido aristocrático que habían buscado refugio en Crotona, apoyados por Pitágoras, los aristócratas vencieron y cuando tuvo lugar el reparto de las tierras, los democráticos comandados por Cilón, trataron de abolir ciertos privilegios aristocráticos, con lo cual el populacho se enardeció en contra de los aristócratas y, de quien les había dado su apoyo, Pitágoras. El odio llegó al extremo de que la escuela pitagórica fue arrasada en un incendio en el cual, según algunos, falleció el propio Pitágoras. Según otras versiones, el maestro logró sobrevivir y escapó junto a algunos discípulos, llegando hasta el templo de las Musas de Metaponte.

Con la muerte de Pitágoras no se extinguieron ni su orden ni sus principios. Su propósito fue crear hombres superiores, fuertes, tanto física como mental y espiritualmente. Entre otras frases se le atribuye a Pitágoras la expresión "déjate conducir".

La Escuela Esotérica de los Esenios

Para referirnos a esta secta judía, nada mejor que citar al historiador Flavio Josefo quien los describió así: "eran de una moralidad ejemplar, esforzábanse por reprimir toda pasión y todo movimiento de cólera; siempre benevolentes en sus relaciones, apacibles, de la mejor buena fe. Su palabra tenía más fuerza que un juramento; asímismo consideraban el juramento en la vida ordinaria como algo superfluo y como un perjurio. Soportaban con admirable estado de ánimo y con la sonrisa en los labios los más crueles tormentos antes que violar el menor precepto religioso".

Los Manuscritos del Mar Muerto fueron una de las claves para profundizar en la historia de la secta esenia. Su hallazgo fue fortuito. En la primavera de 1947, un beduino pastor de cabras en la costa oriental del Mar Muerto, buscaba a una cabra que se había separado del rebaño cuando halló una cueva y antes de adentrarse en ella, arrojó una piedra en su interior. Oyó ruido de algo quebrándose y atemorizado, huyó, regresando posteriormente con un compañero. Ambos muchachos comenzaron a explorar la cueva y hallaron ocho jarras que contenían diferentes rollos con inscripciones que no eran árabes. Esto sucedía en el lugar llamado Jirbet Qumran. Los manuscritos arrojaron luz sobre la vida de los esenios cuya fraternidad mística también practicaba la sanidad o terapéutica de los egipcios en sus balnearios bautismales donde ejercían la medicina de hidroterapia.

El pensamiento filosófico y teológico de los Gnósticos

La Gnosis es la más antigua y superior iniciación originada en parte a raíz de un taumaturgo samaritano llamado Simón el Mago por Menandro y Dositeo, quienes recogieron enseñanzas de cristianos y judíos helenizados de Alejandría y admitieron aportaciones egipcias, griegas, iraníes, etc. Otros gnósticos importantes fueron Basílides, quien fundó una escuela en las primeras décadas del siglo II, en Alejandría, muy combatido posteriormente, consiguiendo no obstante, numerosos discípulos, sobre todo en Egipto, Siria e Italia. Valentín, quien fundó su propia secta gnóstica de contenido doctrinal tan brillante como elevado; Bardesano, filósofo, poeta y astrólogo; Tatiano y Saturnino de Antioquía.

Los gnósticos buscaban el desarrollo mental y espiritual por el despertar de la luz del alma y su sabiduría latente en el ente espiritual. Los adeptos se clasificaban en tres categorías:
a) los hílicos o adeptos muy poco evolucionados, que se quedan en la superficie y sólo aprecian lo externo de sus ritos, sin profundizar en los mismos,
b) los psíquicos o adeptos más evolucionados que los anteriores, aunque todavía lejos del conocimiento superior,

c) los pneumáticos, o adeptos evolucionados, capaces ya de recibir la revelación.

Hay que diferenciar a los grandes maestros gnósticos ya citados, de otro maestro llamado Marción, que no enseñaba la metempsícosis o transmigración de las almas.
El más insigne de los gnósticos fue Manes, el que interfertilizara los conceptos de la cosmología zoroastriana con el mesianismo cristiano. La eclesiología antigua y la sucesión apostológica se integran en el martirologio de este santo herético que ofrendó su vida en un ecumenismo sincrético. Recuérdese que este gran iniciado fue despellejado vivo entre crueles torturas por los infames que disputándose la exclusiva de la verdad en dos bandos diferentes, se unieron solamente para asesinarlo.

La Orden de los Caballeros Templarios y la versión europea de la Orden de los Nueve Sabios Incógnitos de la época del rey budista Asoka en la India

En 1118 nueve caballeros propusieron al rey Balduino II, monarca de Jerusalén, custodiar y defender con sus vidas a los peregrinos que se dirigían a Tierra Santa, amparándolos de ataques sarracenos. La idea complació al rey y así surgió la Orden de los Caballeros del Templo de Jerusalén. Entre esos nueve caballeros se encontraban entre otros, Hugo De Payns, nacido en Payns en 1080, combatiente de la Primera Cruzada, Gran Maestre de la Orden, y Godofredo de Saint Adhemar. Ante el venerable Patriarca de Jerusalén, Gormond de Piquigny, los nueve primeros templarios pronunciaron solemnemente sus votos de obediencia, castidad y pobreza.
La primera época de la Orden fue de vida tranquila, apacible y monacal. Eran tiempos de paz en los que custodiaban las rutas de peregrinaje y guardaban el Santo Grial, la reliquia considerada el cáliz utilizado por Jesucristo en la Ultima Cena. De acuerdo a las leyendas, el Grial o Graal fue robado

Cultos Ocultos

por un sirviente de Pilatos y poco después fue entregado a José de Arimatea, quien recogió en él parte de la sangre que manaba de Jesús en la cruz. Se dice que alrededor del año 60 después de Cristo, José de Arimatea viajó a Glanstonbury, en Inglaterra, llevando consigo el Grial. Según algunos, el sagrado cáliz fue tiempo después, trasladado y hallado por los cruzados en Cesarea. En otras versiones, pudo haber sido llevado a España por el rey Capadocia de Triturel, quien habría fundado una orden para su custodia.

En 1128 se convocó el Concilio de Troyes, y Hugo de Payns, ante destacados representates de la Iglesia, propuso la creación de una orden de monjes combatientes. A partir de ahí la Orden del Temple pasó a ser activa en la lucha de las Cruzadas. El Temple observaría desde entonces la regla monástica de San Bernardo.

San Bernardo de Claraval (1090-1153), designado Doctor de la Iglesia por Pío VIII, nació en Fontaines, en las proximidades de Dijon, Francia, en el seno de una familia noble. En el año 1113 ingresó en la Orden del Císter, y apenas dos años después era ya abad del monasterio de Claraval. Místico, de fe inquebrantable y fiel seguidor de una ardua y austera disciplina, elocuente orador, fundó 163 monasterios y fue el promotor de la Cruzada de 1146.

Los caballeros de la Orden del Temple, en seguimiento de la regla parca y severa de San Bernardo, vestían hábito blanco, los cabellos rapados y se dejaban crecer la barba. A diferencia de la Orden Cisterciense, no estaban obligados a pronunciar votos perpetuos ni a someterse a los ejercicios espirituales del breviario romano.

La Orden perdió unos veinte mil hombres en la conservación de los Santos Lugares, adquiriendo tanto poder económico y político que se libraría de la jurisdicción episcopal, sus casas gozarían del derecho de asilo, sus miembros podrían confesarse con sus propios capellanes, sus propiedades estarían exentas de contribuciones. En 1191 colaboraría con

Ricardo Corazón de León en la victoria de Arsuf y y llegó a erigirse en la auténtica Banca de Europa.

Cinco Grandes Maestres fallecieron valientemente en combate. Otro de ellos murió en cautiverio al negarse a pagar rescate por su liberación. Históricamente los Grandes Maestres del Temple en lo relativo a la Orden, al igual que en el aspecto personal se caracterizaron por la más elevada honestidad. El último de ellos, Jacques de Molay, fue ajusticiado por orden del rey Felipe el Hermoso, al retractarse de las acusaciones contra la Orden efectuadas bajo tortura.

La Orden del Temple se encargó de la defensa de Tierra Santa hasta 1298. Pero las riquezas acumuladas por la Orden en las Cruzadas superaban en mucho a las de los gobernantes de su tiempo. El rey de Francia sintió su poder amenazado por la existencia de la Orden del Temple, la cual llegó a ser independiente incluso del Papado.

El 14 de Septiembre de 1307, Felipe IV de Francia ordenó el arresto de todos los templarios del país. Llevaba años preparándose para asestar un golpe definitivo y fatal a la Orden. El rey se vengaba así no solo del Temple, sino de su Gran Maestre, Jacques de Molay, quien había negado el permiso de admisión en la Orden a uno de los hijos del monarca. Los templarios fueron apresados, y todos sus bienes confiscados. Las acusaciones que pesaban sobre los templarios fueron de traición, blasfemia, inmoralidad, hechicería, herejía, sodomía y robo, entre otras.

Los caballeros del Temple tenían prohibido el tomar las armas contra cristianos. El arresto se llevó a cabo sin defensa alguna por parte de los templarios. La tortura cruel, interrogatorios inconcebibles donde se pretendía que confesaran supuestos pecados de blasfemia, obscenidad, y otros, llevaron a la mayoría de los templarios al patíbulo. Sin embargo en muchos casos, los inquisidores ni siquiera siguieron su criminal rutina y muchos templarios fueron ejecutados sin ser siquiera interrogados. Como muestra de tan infame arbitrariedad se cita al obispo de Sens, Marigny, quien envió a la hoguera a cincuenta templarios sin atenerse al procedimiento establecido del previo interrogatorio.

Otra de las acusaciones que enfrentaron los Templarios fue el servirse en sus ceremonias de extraños ídolos, como el Baphomet o macho cabrío de Mendés, producto del encuentro sincrético entre el cristianismo militante y el islamismo que en principio se combatía y que esconde en realidad el nombre del profeta Mahoma.

Se cree que algunos templarios escaparon a la terrible persecución desencadenada contra ellos especialmente en Francia. En Inglaterra fueron también perseguidos, aunque no en grado tan extremo como en Francia. En 1312, el Papa disolvió la Orden del Temple mediante una bula. En los primeros meses de 1314, el Gran Maestre Jacques de Molay, y otros miembros de la Orden fueron condenados en público a cadena perpetua. Entonces, el Gran Maestre, que anteriormente había confesado, gritó que todas las acusaciones eran falsas y que sólo las había admitido bajo tortura, que la Orden era santa y pura. Otro hombre, el visitador Godofredo de Charnay, apoyó las palabras del Gran Maestre. Jacques de Molay y Godofredo de Charnay murieron en la hoguera el 19 de marzo de 1314.

La Alquimia o Química del Alma

La etimología de la palabra alquimia plantea numerosos interrogantes. El estudioso del tema Pierre-Jean Fabre, en su "Agregé des secretes chymiques", la relaciona con el nombre de Cam, hijo de Noé, que habría sido su primer practicante. Pero, probablemente, más próximo a la realidad se halle un origen árabe (al'chemir). Posteriormente se han llegado a identificar los conceptos de química y alquimia a pesar de sus grandes diferencias.

La Alquimia enseña a preparar cierta medicina o elixir que al ser proyectado sobre los metales imperfectos, les comunica la perfección en ese mismo momento. Se sabe con certeza que existió en la India, en China, en Egipto, Caldea y Alejandría. Estaba reservada sólo a los iniciados y su transmisión se realizaba a través de alegorías, al ser eminentemente simbólica. Se afirma que los primeros grandes iniciados de esta sagrada ciencia vivieron en Alejandría. Algunos de ellos fueron: Zósimo, María la Judía, Komarios y Petasios.

Posteriormente la historia nos lleva hacia la alquimia árabe con el famoso Geber, del siglo octavo, profundo conocedor de la teoría y práctica de la magia, las matemáticas, el ocultismo en general y la astrología.

La expansión árabe por las vías bizantina, mediterránea e hispánica conllevó la difusión de la Alquimia por toda Europa. La idea de que el objetivo de los alquimistas era la transmutación del vil metal en oro, mediante el uso de la piedra filosofal, era tan sólo una cobertura o envoltorio externo. El verdadero fin de la Alquimia fue la transmutación del propio hombre, la creación del alma inmortal en el crisol interior.

Entre los grandes alquimistas europeos se cita, a partir del siglo XII a Alberto el Grande, Arnaldo de Villanova, Miguel Escoto, Raimundo Lulio, Roger Bacon, Nicolás Flamel y el gran Paracelso.

Rosacrucismo y Rosa-cruces

Los orígenes del sistema de pensamiento hermético y de misticismo devocional conocido como Rosacrucismo surgen en el Antiguo Egipto, se desarrollan en el Medioevo europeo y alcanzan su apogeo en el siglo XX.

La línea de sucesión rosacruciana parte del Faraón Amenhotep IV, Christian Rosenkrantz, el Conde de Saint Germain, el Conde Cagliostro, Eliphas Levi, Papus, Arnold

Krümm-Heller, Johannes Müller Rider y llega hasta Sar Mar Profeta.

La Rosacruz fue una cofradía hermética de origen egipcio, con vastos conocimientos astrológicos, esotéricos y alquímicos, seguidora de los grandes iniciados, predominantemente espiritualista. La promulgación de la Declaraciones llamadas "La Fama Fraternitatis" y la "Confessio", la caracterizaron sin embargo como un grupo de reformadores dispuestos a corregir la corrupción reinante en la Iglesia y el Estado de su tiempo.

La Fraternidad Rosacruz, de acuerdo a Manly Hall, fue fundada a principios del siglo diecisiete por el estadista y filósofo inglés Sir Francis Bacon, como parte de su plan de reforma política de los Estados de Europa. En 1614 aparecen las dos obras clave de la Sociedad Rosacruz. Estas obras no son otras que la "Fama Fraternitatis" y la "Confessio Fraternitatis", atribuídas a J.V. Andrade. En ellas se sugiere la identidad del fundador de la Orden, de iniciales C.R.C. que se han atribuído a Christian Rosenkrantz. Los rosacruces son asociados desde entonces con la preservación del más puro esoterismo heredando simultáneamente el conocimiento guardado por los antiguos alquimistas.

En 1616 se publicó una nueva obra: "Las Bodas Alquímicas", también atribuída al teólogo alemán Johann Valentin Andrae. En esta obra se relataba la aventura simbólica y mística de C. Rosenkrantz, que viajaba a un extraño país donde sería nombrado Caballero de la Piedra Aurea; libro esotérico por antonomasia, rico en simbolismo esotérico. Los escritos rosacruces se multiplicaron como consecuencia de la difusión de esta última obra. Dos personajes legendarios, el Conde de Saint-Germain y Cagliostro fueron asociados a la Rosacruz.

Su símbolo es la cruz y en su centro, la rosa. Símbolo iniciático, del que también se han dado múltiples y diversas versiones. La cruz representa el supremo conocimiento, la sabiduría divina, pero también el hombre, el ser humano. La rosa, por su parte, es el símbolo de la perfección y la purificación en todos los aspectos. La combinación de ambos es el símbolo místico de la sabiduría y el amor.

La Rosacruz Francesa

En 1888, el aristócrata Estanislas de Guaita, hombre de vasta cultura y gran amante de lo esotérico y oculto, junto con Papus, el marqués Saint Yves d'Alveydre, Joséphin Péladan y Oswald Wirth, fundó en París la Orden Cabalística de la Rosa-Cruz, conocida como la Rosacruz Francesa.

Pero el miembro más destacado sin duda de la Rosacruz Francesa fue Gerard Encausse, también conocido como Papus. Era de origen gallego, nacido en La Coruña, de padre francés y madre española, el 13 de julio de 1865. Vivió casi toda su vida en Francia, muriendo en París el 25 de octubre de 1916. Papus llegó a la cima del esoterismo. Graduado de Medicina en París, fundó dos revistas de ocultismo: "L'Initiation" y "Le Voile de Isis". Fue el fundador del Grupo Independiente de Estudios Esotéricos y la Facultad de Ciencias Herméticas.

En 1891 Papus formó una organización llamada la Orden de los Superiores Desconocidos, que constaba de tres grados, comúnmente conocida como la Orden de los Martinistas, basada en dos Ritos Masónicos extinguidos: el Rito de los Elegidos de Cohen (fundada por Martínez de Pasqually) y el Rito rectificado de San Martin, de Luis Claude de Saint-Martin, ambos surgidos en el siglo XVIII.

En 1893, Papus fue consagrado obispo de la Iglesia Gnóstica de Francia, por Jules Doinel, el fundador de la misma, cuyo objetivo había sido el revivir la religión de los cátaros en 1890.

Ocupó también la presidencia de la Orden Cabalística de la Rosacruz, del Supremo Consejo de la Orden Martinista y de la Sociedad Magnética de Francia.

La Fraternidad de la Cruz Rosada

Surgida en los Estados Unidos, el llamado Consejo de los Tres estaba constituído por Benjamín Franklin, Jorge Clymer y Tomás Paine. Más tarde se uniría a ella Abraham Lincoln. Esta Sociedad pretendía mejorar al ser humano, moral y espiritualmente, siguiendo una línea de inspiración cristiana y patriótrica sustentada por los más elevados principios rosacruces.

La Fraternidad Rosacruz

La Fraternidad Rosacruz fue creada en 1909 en Oceanside, California, Estados Unidos, por Max Heindel, teniendo como propósito la difusión de una enseñanza esotérica para promover el desarrollo espiritual del ser humano y su equilibrio armónico.

Max Heindel era danés de nacimiento. Su nombre de pila era Carl Louis Grasshoff. Siendo aún adolescente abandonó la casa paterna con el propósito de estudiar ingeniería, profesión que ejerció desde 1895 en Glasgow. Su amistad con la señora Augusta Foss le hizo interesarse viva y profundamente en la Astrología. Ingresó después en la Sociedad Teosófica de Los Angeles, tratando de dar un sentido positivo a su vida llena de sinsabores (había quedado huérfano de padre a los seis años, su primera esposa murió pocos años después de contraer matrimonio y además padecía de graves trastornos físicos). Pero necesitaba mucho más y en 1905 fue a Alemania, con el propósito de contactar la Orden Rosacruz.

Después de relacionarse con diferentes iniciados, regresó a América a fin de propagar la enseñanza. Escribió la obra titulada "Concepto Rosacruz del Cosmos". En 1910 contrajo segundas nupcias con Augusta Foss. Vivió Max Heindel nueve años más y falleció el 6 de Enero de 1919, dedicando sus últimos años a la propagación de la enseñanza de la Orden Rosacruz.

Antigua Mística Orden Rosacruz

Se conoce por las siglas AMORC a la sociedad moderna que tiene su sede en San José, California, U.S.A., y que pretende ser la portadora de la auténtica esencia rosacruz. A diferencia del esoterismo tradicional, que se caracterizaba por su secrecía, ofrece lecciones por correspondencia y convocaciones en logias, capítulos y pronaos. Esta vertiente rosacruz tuvo su apogeo en quien la fundara, H. Spencer Lewis; luego su hijo Ralph Lewis hizo lo posible en vida por sostener la extraordinaria pujanza en publicidad y membresía establecida por su padre.

A la muerte de Ralph Lewis el Imperator designado fue depuesto por la Junta Directiva tras confrontaciones y problemas financieros que erosionaron a la institución. Posteriormente un nuevo Imperator (Jefe Ejecutivo) fue instalado, pero hubo varias escisiones, una de ellas con el Imperator depuesto y otra más notable con un español de origen canario que ha logrado integrar la tradición antigua del rosacrucismo estilo egipcio con la parafernalia esotérica española.

Orden de los Templarios de Oriente

Los francmasones Theodor Reuss y Heindrich Klein, tras un viaje a Oriente en el que se pusieron en contacto con la sabiduría oriental, fundaron en Alemania la Orden de los Templarios de Oriente, en 1902, a la que luego pertenecerían Rudolf Steiner, Aleister Crowley y Franz Hartmann.

Orden del Templo de los Rosacruces

Fue fundada por Annie Besant, Marie Russak y J. Wedwood en 1912 con el objetivo de profundizar en todo lo relacionado con la magia ceremonial. En 1918 se disolvió, convirtiéndose posteriormente en el Gran Ritual Egipcio de varios grados colaterales a la Escuela Esotérica de Teosofía.

Orden Hermética del Alba de Oro

Su creación tuvo lugar en Inglaterra, en 1887 fruto de los esfuerzos y entusiasmo de tres miembros de la Societas Rosicruciana in Anglia: el doctor William Woodman, doctor Westcott y Sir Liddell MacGregor Mathers. Su finalidad era el estudio, la investigación y la enseñanza de la doctrina esotérica.

Los Martinistas y la Magia medieval

Sociedad iniciática que se origina en los principios y prácticas esotéricos de dos hombres: Martínez de Pasqually y Claude de Saint-Martin.

Martínez de Pasqually vivió en el siglo XVIII, descendiente de españoles, nació en Portugal y murió en Puerto Príncipe, Haití. Hijo de un masón, es de suponer que desde su infancia estuvo en contacto con el ocultismo. Recibió una marcada influencia del místico sueco Swedenborg y fundó la orden de Los Elegidos de Cohen, cuyas logias más importantes fueron los Filatelas, los Iluminados de Aviñón y la Academia de los Verdaderos Masones de Montpellier. La enseñanza de Martínez de Pasqually contenía elementos sufíes, gnósticos y cabalísticos. Sus discípulos más sobresalientes fueron Duchautenan, el barón de Holbach, Wuillermoz, y en especial, el marqués Claude de Saint-Martin, también llamado el filósofo desconocido, masón y fundador del martinismo.

Los martinistas son una orden básicamente espiritualista, iniciática y esotérica, altamente influída por los principios swedenborgianos. Pretende conducir al adepto hasta la iluminación, facilitarle el reencuentro con su energía divina, y mostrarle la forma de contactar las fuerzas ocultas de la naturaleza. Sus seguidores son cuidadosamente seleccionados, contando la calidad, no el número. Valora muy fuertemente los ideales humanistas.

La orden comprende meros adheridos y verdaderos iniciados, siendo el grado más elevado el de Superior Desconocido.

La Francmasonería y los Grados Filosóficos 18-33 y Superiores 90-95

El origen de la masonería es muy remoto, pues se considera que los primeros masones fueron los constructores del Templo de Salomón.

La palabra francmasón significa albañil liberto, y era el nombre con que se designaba a los constructores de la Edad Media, que para sentirse protegidos se agrupaban en gremios, consiguiendo incluso privilegios especiales y el amparo eclesiástico. Tal era la denominada masonería operativa.

Los emblemas o símbolos masónicos son la escuadra, el compás y la regla. En el siglo XVII se pasó de la masonería operativa a la especulativa. El escenario de esta metamorfosis fue Inglaterra. Las cofradías de constructores comenzaron a permitir la entrada de personas que eran totalmente ajenas a la profesión y que eran consideradas como masones aceptados. Al abrir sus puertas la masonería, también los rosacruces entraron en ella, como en tiempos medievales habían entrado ciertos alquimistas. Ellos introdujeron los grados, la complicada iniciación y el legendario mito de Hiram Abif, el hijo de la viuda.

La masonería llegó a ser una sociedad muy poderosa, pero a diferencia de lo que es considerado en círculos profanos,

Cultos Ocultos

nunca constituyó una sola organización homogénea, sino por el contrario, ha sido el conjunto de diferentes órdenes y tradiciones insertadas en jurisdicciones llamadas Obediencias y que han seguido una tradición filosófica muy disímil a lo largo de los siglos.

Las diferentes ramas de la Masonería azul o de los grados simbólicos de Aprendiz, Compañero y Maestro Masón han pasado por modificaciones y alteraciones en sus rituales, palabras de pase e incluso ceremonias iniciatorias. Por su parte la Masonería roja o filosófica también ha evolucionado a través de numerosas y sustanciales modificaciones, como por ejemplo la adición de un grado que conmemora la tradición rosacruz (el grado décimo octavo denominado Príncipe Rosacruz), así como el elaborado grado 30 de los Caballeros Kadosh. Esto demuestra la influencia y el legado del Hebraísmo Cabalístico, la Orden Oriental del Temple de Jerusalem y los extraordinariamente místicos grados egipcios de Memphis y Mizraim. De estos últimos el famoso y controvertido Conde Cagliostro fue su mejor exponente.

Como nota para los interesados en el aspecto práctico de los rituales iniciáticos, palabras de pase, signos de salutación y reconocimiento así como de las filosofías subyacentes dentro de la simbología masónica les recomiendo mi libro, de esta misma colección de Doctología, titulado "La Iniciación en Ocultura Universalis" en el que revelo por primera vez, el Retejador Masónico, Rosacruz, Martinista, Templario y de todas las Ordenes Místéricas, Fraternidades Herméticas, Escuelas Esotéricas y Sociedades Secretas, para que se conozcan todos los aspectos ocultos de estas y otras organizaciones, que permitirá al lector familiarizarse con todas las ceremonias y misterios tanto en la forma como en el contenido en una extensa documentación que por supuesto está dedicada a los especialistas e interesados en estos temas específicos.

Los Nestorianos y la trascendencia Trinosófica

El que fuera Patriarca de Constantinopla, Nestorio, fue expulsado del seno de la Iglesia por el Concilio de Efeso debido a diferencias religiosas en cuanto a la naturaleza de Cristo, en el año 428. Los seguidores de Nestorio constituyeron la comunidad nestoriana, que llegaría a formar la Iglesia Siria, la cual niega a la Virgen como madre de Dios y considera a Nestorio su gran Profeta.

Los Drusos y la tradición de las encarnaciones divinas

Constituyen una de las tres sectas más importantes del Ismaelismo, junto con los nosairianos y los asesinos.
La doctrina drusa es totalmente esotérica. La secta fue fundada por Hakem, sexto califa fatimita de Egipto y por Hamsa, en el monte Líbano. Sus miembros se clasifican en dos categorías: los yakil o combatientes y los akil o ancianos. El acceso a la iniciación y por tanto al conocimiento esotérico es privilegio exclusivo de los akil. No es fácil convertirse en akil, ya que previamente hay que superar tres pruebas que exigen una gran voluntad. El neófito realiza primero un largo ayuno; acto seguido se le coloca frente a una mesa rebosante de exquisitos y apetecibles manjares. Deberá resistir inalterable la tentación de abalanzarse sobre los alimentos para satisfacer su hambre.
Las pruebas van creciendo en dificultad. La segunda prueba consiste en que después de cabalgar durante tres días por el desierto sin beber líquido, no deberá beber el agua fresca y cristalina que ante él se presente servida en una jarra, aunque se sienta morir de sed. La tercera prueba, por último, requier pasar toda una noche en compañía de una hermosa y resplandeciente joven y no dejarse arrastrar por la lujuria.

Trascendidas estas tres pruebas, el neófito será convertido en akil y aspirará a recibir el supremo conocimiento.

Los drusos creen en la reencarnación, y según su creencia, el fallecido va a encarnar en uno u otro ser de mayor o menor evolución, según haya practicado más o menos fielmente los mandamientos durante su vida. Consideran que Dios es único y que a lo largo de la historia de la Humanidad va reencarnando y manifestándose así a los hombres, para mantener y robustecer la fe. Una de esas encarnaciones fue Hakem, quien no murió, sino que regresó a su mundo, y que en el futuro volverá para extender la fe a toda la tierra.

Los nosairianos

Habitantes del monte Líbano. Creen en la unidad y eternidad de Dios y estiman que las almas reencarnan tantas veces como sea necesario, hasta que obtienen la purificación y la iluminación, convirtiéndose entonces en luminosas estrellas. Entre sus prácticas religiosas destaca un rito del vino, por el que se obtiene la iluminación y la aproximación a la divinidad.

De acuerdo a su creencia, la Divinidad ha encarnado varias veces a fin de robustecer la fe de los hombres. Sus encarnaciones han sido: Abel, Set, José, Josué, Asaf, Simón y Alí.

Los asesinos y anarquistas: origen común ácrata

La orden anarquista de los assasins fue fundada por Hassan, quien murió en 1124. El nombre de la orden deriva del hashish, ya que sus miembros eran adictos a esta droga.

El ácrata Hassan se proclamó a sí mismo como una encarnación divina, y pronto la secta contó con numerosos seguidores. Hay que señalar que los asesinos llegaron a tener gran poder e influencia. Fanáticos y diestros combatientes, los adeptos de la orden de los asesinos resultaban sumamente agresivos y violentos.

Los caballeros del Temple fueron los primeros en asestar un duro golpe a los consumidores del hashish, quienes tuvieron que pagarles un tributo. Se ha llegado a afirmar que los asesinos transmitieron a los templarios parte de su sabiduría esotérica. La Orden de los asesinos fue exterminada por las hordas de Kia-Buzurgomid, a mediados del siglo XIII.

Sionismo, Skopzi y Shokka Hakkai

Contrastando con el sionismo judío y el Shokka Hakkai japonés, integrados únicamente por hombres, esta secta rusa estaba formada por individuos de ambos sexos que tenían como finalidad más inmediata la de evitar el nacimiento de nuevos seres, exterminando así la raza humana a través de la no reproducción, pues consideraban que el mundo se hallaba plagado de pecado. El campesino Selivanov fue su fundador en 1757 y la secta alcanzaría su plenitud en Moscú en las primeras décadas del siglo XIX. La policía rusa se ocuparía de erradicarla antes de finalizar el siglo XIX.

Los Valdenses y el pietismo

El nombre valdense deriva del fundador de esta secta, llamado Pierre Valdo, comerciante de Lyon, Francia. Hombre profundamente espiritual, abandonó privilegios, riquezas y familia para viajar libremente y enseñar su doctrina. Pronto contó con numerosos adeptos. En sus comienzos nada hay que denote que los valdenses fueran unos herejes, ya que lo único que predicaban era la fraternidad universal, la igualdad entre los hombres. Mas al mismo tiempo buscaban la desaparición de las incorrecciones cometidas por la Iglesia romanista lo cual les hizo acreedores a todo tipo de persecución a cargo de los poderes establecidos. Aun cuando

Pierre Valdo murió en 1190, sus discípulos no abandonaron por ello la misión propuesta y se establecieron en diferentes regiones y países. La furia de las Cruzadas cayó implacablemente sobre ellos, pero ni aun así pudieron ser aniquilados, su piedad mística les haría prevalecer sobre las persecuciones.

Lo extraño e inusitado de los Cátaros en el suicidio ritual cristiano

Practicaban una forma de suicidio ceremonial llamado simbólicamente Endura. Se cree que los cátaros surgieron a lo largo del siglo XII, en Bulgaria. Desde sus comienzos fueron perseguidos con inusitada insistencia. Los cátaros establecidos en Italia fueron conocidos con el nombre de patarios, los de Francia, con el de albigenses. Como otras sectas de su época, pretendían combatir los pecados de la Iglesia y llevar la igualdad a todos los seres humanos.

De los patarios apenas hay datos. Su nombre procede del hecho de que se reunían en un barrio de Milán, llamado Pattaria. Luchaban por la justicia social, la igualdad y estaban en desacuerdo con el matrimonio y la procreación.

Los albigenses eran muy dualistas en sus concepto del Universo. Lo dividían entre un espíritu benigno y un espíritu maligno, alma y materia, el bien y el mal. Llevaban una existencia muy austera y no aceptaban la carne en su alimentación, así como tampoco la leche ni los huevos. De vida ascética y pura, han pasado a la historia dejando un legado de honestidad e integridad. No creían en la creación del mundo, que consideraban eterno, y sí en la transmigración de las almas. La palabra cátaro significaba puro.

Aun cuando durante las primeras décadas los albigenses se vieron protegidos por la fortuna, después habrían de soportar la cólera desatada de la cruzada albigense que contra ellos enviara el Papa Inocencio III. Su destino fue trágico pues acabó en la eliminación física de sus seguidores.

Sectas contemporáneas autodestructivas y su confusión con el Ocultismo

En los últimos años del siglo XX han proliferado las sectas religiosas que reaccionan contra la sociedad moderna. Giran en torno a la personalidad de un líder y en ellas los suicidios colectivos y las tendencias autodestructivas son elementos presentes.

El caso más representativo se produjo el 20 de noviembre de 1978, en Jonestown, Guayana, fecha en la que 913 personas de la secta norteamericana del Templo del Pueblo, fueron inducidas unas y forzadas otras, al suicidio colectivo, por su guía, Jim Jones, que también se suicidó.

Sukyo Mahikari es el nombre de una secta secreta japonesa cuya finalidad es difundir ideas neo-nazis y antisemíticas. Se halla establecida como organización caritativa en Inglaterra. Los miembros de la secta niegan toda vinculación con Aum Shinrikyo, la secta responsable por el ataque de gas sarin en Tokio, a pesar de que ambas sectas afirman que a medida que la humanidad se acerca al año 2000, el género humano va a ser aniquilado por un bautismo de fuego.

El fundador de la secta denominada La Casa de Yaveh es Jacob Hawkins, antes obrero de un kibbutz en Israel, y centra su doctrina en la idea de la próxima llegada del fin del mundo si las leyes establecidas por Yaveh en la Biblia no son obedecidas universalmente y si el Templo de Jerusalén no se reconstruye junto a la Mezquita de la Roca. Sus seguidores están convencidos de que Hawkins (también llamado Yisrael), anunciará la Segunda Venida de Cristo antes de ser asesinado por Satanás.

Otro grupo, denominado Cristianos Preocupados, cuyos miembros han sido deportados de Israel, fue creado por Monte Kim Miller quien previamente estuvo a cargo de una red anti-cultos en Denver, Estados Unidos. Miller cree ser el último profeta sobre la Tierra, antes de la batalla final del Armagedón. Aparentemente Miller afirma hablar con Dios todas las mañanas y de acuerdo a él, Estados Unidos de América sería Satanás y su gobierno, el mismísimo diablo. Miller ha predicho que moriría en las calles de Jerusalén en Diciembre de 1999 pero que resucitaría de entre los muertos tres días después. Once miembros de este culto fueron deportados de Israel en Enero de 1999 al descubrir la Inteligencia israelí que el grupo planeaba desencadenar una oleada de atentados terroristas en el territorio israelí, a fin de crear las condiciones que desencadenarían la Segunda Venida de Cristo.

La Iglesia del Testamento Final fue iniciada a comienzos de la década de 1990 por un ex-sargento de la policía rusa llamado Sergei Torop que había sido expulsado de la fuerza policial tras una serie de visiones religiosas. El grupo simpatiza con miembros del antiguo Partido Comunista soviético. Torop, que cambió su nombre por el de Vissarion, rechaza las prohibiciones de suicidio. Convence a sus seguidores de que él es Jesucristo, a quien trata de imitar con su melena de pelo negro y abundante barba. En la actualidad la secta construye una "Ciudad del Sol" en el Monte Sukhaya, en Siberia. Los Vissaronistas están considerados el culto con mayor número de seguidores en Rusia. Hay ciertos rumores acerca de la posibilidad de un suicidio masivo entre sus fanáticos con la llegada del año 2000.

Y, volviendo a los Estados Unidos de América, en las colinas de Cookson, al este de Oklahoma, se halla la fortaleza denominada Ciudad de los Elohim, donde unos 100 habitantes armados hasta los dientes trabajan, oran y se dedican a simulacros de ataques paramilitares. La Ciudad-fortaleza fue creada por un antiguo predicador mennonita llamado Robert Millar, cuyo ideal es una nación formada por cristianos de raza blanca exclusivamente. Millar prepara a sus seguidores para una segura invasión asiática que considera inminente e inevitable. Su inspiración es el fundamentalismo cristiano, con mezla de Ku-Klux-Klan y astrología.

La Orden Soberana del Templo Solar, madre de las órdenes solares posteriores, fue fundada por el francés Jacques Breyer el 12 de junio de 1952, en el castillo de Arginy (Francia). La idea de Breyer era fusionar toda la simbología y esoterismo templario de cara al Tercer Milenio de la Era Cristiana. Este resurgimiento templario solar, organizado como secta destructiva en los años 80 por los grandes maestros Joseph Di Mambro, Luc Jouret y Julian Origas, avisa del final del milenio y anuncia el retorno en gloria solar de Cristo-Dios, o sea, la Parusía, para el año 2000. Pero para el regreso de Cristo se debían dar dos factores: la venida y la muerte del Anticristo, el predecesor del Cristo. Por eso en 1994, la secta asesinó de 54 puñaladas y una estacada en el corazón a un bebé inocente, Christopher Drutoit, de tres meses de edad.

El primer suicidio colectivo de esta secta se produjo el 4 de octubre de 1994 en Cheiry y Salvan, dos aldeas suizas. Fueron 48 los miembros de la secta que se suicidaron colectivamente en esa ocasión. Después, el 23 de diciembre de 1995, otros 16 cuerpos fueron encontrados carbonizados en un bosque de los Alpes franceses, cerca de Grenoble.

El 23 de marzo de 1997, en Saint Casimir, al suroeste de Quebec, Canadá, los cadáveres de cinco miembros de la secta fueron hallados carbonizados en una vivienda intencionalmente quemada.

La secta de los Davidianos y su fundador, David Koresh, murieron abrasados en un rancho de Waco, Tejas, tras 51 días de asedio por el FBI. Esto ocurrió en la Cuaresma del año 1993.

Por último, la secta Puerta del Cielo, cuyos 39 integrantes se quitaron la vida en marzo de 1997 en un rancho de Santa Fe, California. El motivo de su suicidio colectivo era poder viajar en el platillo volante que supuestamente seguía al cometa

Hale-Bopp, para acceder así a un plano superior de existencia.

En el año 1998 se informó de otro intento de suicidio colectivo en el seno de una secta radicada en Islas Canarias, dirigida por H. H., una psicóloga alemana.

En 1999 también se hizo pública la existencia de brigadas técnicas policiales que primeramente en Europa y posteriormente en América Latina y otros lugares aislados de Norteamérica se habrían constituído con el objetivo concreto de vigilar, penetrar y reprimir a las sectas consideradas peligrosas, principalmente por estar en competencia con las religiones convencionales establecidas, como la transnacional de la Mentira Espiritual a cuya vanguardia se encuentra la Gran Ramera, o sea, el Imperio Romano contemporáneo.

Los Hesicastas y la austeridad heremita

Es una de las sectas cristianas más curiosas e interesantes. En el siglo XIV, cuando la violencia estaba en auge, el odio proliferaba entre los países, las plagas arrasaban poblaciones completas, mientras la jerarquía de la Iglesia ortodoxa se desenvolvía en un pomposo lujo, los hesicastas como monjes quietistas, se retiraban a la soledad de sus monasterios, y mediante el uso de variadas técnicas, junto con la práctica de la oración, trataban de alcanzar el éxtasis místico que les condujese a la unión con la divinidad.

En un silencio absoluto, estos hombres conocidos bajo el sobrenombre de "almas-ombligo", se sentaban en el suelo y dirigiendo la mirada hacia el ombligo comenzaban su meditación. Esta podría durar varios días.

Se aprecia una gran similitud entre algunas prácticas hesicastas y el yoga. Aparte de la vida austera y muy sencilla del hesicasta, entregado a la meditación y a la castidad, igual que el yogui, se sabe que estos monjes empleaban algunos métodos de interiorización parecidos a los del Radja-Yoga y determinados ejercicios respiratorios similares al pranayama. Mediante la respiración y la introspección, por la oración sincera y la meditación, en medio de una vida ascética y pura, los hesicastas iban conquistando niveles superiores de la conciencia, hasta llegar al éxtasis y la iluminación por la unión con Dios.

El Maniqueísmo y la interfertilización del Zoroastrianismo y el Cristianismo

Tal y como habíamos explicado al tratar acerca de los gnósticos, el maniqueísmo es un sistema filosófico-religioso que fue creado por Manes, persa nacido alrededor del año 216. Rebosante de misticismo, deseando fervientemente reformar la moral, alentar la vida del espíritu y universalizar el amor, Manes, a partir del año 242, comenzó a realizar prolongados viajes (India, China, entre otros).

Regresó a Persia en el año 270, despertando la cólera de los magos. Se dice que Manes fue despellejado vivo o que pudiera también haber muerto crucificado. En cualquier caso, Manes fue martirizado y desde el siglo IV al VII, el maniqueísmo obtuvo enorme difusión, extendiéndose por el norte de Africa y por el Asia Occidental. San Agustín perteneció a este sistema durante diez años.

Algunos aspectos del maniqueísmo lo asemejan al zoroastrianismo y contiene también elementos del judaísmo, budismo y mitraismo. Fundamenta su doctrina en un estricto dualismo entre lo positivo y lo negativo, la luz y las sombras, el bien y el mal, pero trata de ir más allá de ese dualismo, de trascenderlo.

Los sufíes, continuadores de la tradición de la Escuela Esotérica Zoroastriana

Representan el más puro misticismo musulmán. Reciben su nombre del vocablo "suf", que significa lana, porque la prenda con que cubrían la parte superior de sus cuerpos estaba confeccionada con este tejido. Existen múltiples sectas sufíes y cada una sigue sus propias técnicas místicas, pero todas ellas tienen como fin básico y fundamental la purificación del espíritu y el autoadiestramiento espiritual a fin de alcanzar la comunión mística con la divinidad. En los comienzos del sufismo, durante las primeras décadas del siglo IX, los más renombrados sufíes fueron Yazid Bastami, Tirmidhi, Jonyad y Hallaj. Este último fue sometido a suplicio, sin perder su mística alegría ni desfallecer la firmeza de su creencia.

Los Derviches y su sistema filosófico hermético persa

Son ascetas musulmanes, que logran diversos estados de conciencia alterada por el uso de métodos muy particulares y nada convencionales. Han existido múltiples órdenes derviches, las primeras formadas por los Almohades, y cada una emplea su propio sistema, aunque todos ellos resultan similares. Algunas órdenes derviches han sido sufíes y sus miembros han alcanzado una sorprendente elevación espiritual.
Los derviches se reúnen en grupos para llevar a cabo sus danzas de éxtasis. Colocados en círculo, comienzan a bailar con un ritmo muy lento, acompasado y rítmico, a la vez que en voz muy baja van pronunciando el nombre de Dios y frases de naturaleza místico-religiosa. A medida que la danza progresa se va acelerando paulatinamente, las voces de los danzantes crecen de tono. El ritmo se vuelve febril y delirante, los giros vertiginosos, y entonces en el momento sublime, desde lo más profundo del ser, como un clamor al unísono, surge el nombre de Dios. Finalmente, los danzantes

caen uno a uno desfallecidos en el suelo; gozando de la compañía mística con su Dios. La fascinación que este ritual ejerce en el espíritu del que lo contempla genera un estado místico inolvidable.

El Movimiento Teosófico y sus concepciones arcanas y modernas

La Doctología y la Arcaica Enseñanza Iniciática de Ocultura Universalis enseñan que los Planos de Existencia funcionan en coordenadas de Espacio, Tiempo y Seidad; cada uno de los cuales manifiesta su diversidad en dimensionalidad con tiempos paralelos diferentes y espacios concatenados, multipotenciados y ubicados uno dentro de otro simultáneamente, en tiempos diferentes, aunque con un mismo ser pero en proyecciones desiguales en cada ocasión.

Y dentro de esta línea de análisis exploramos el corolario que los maestros clásicos hicieran de lo que constituyó la suma doctrinal del Ocultismo Antiguo y su exposición pedagógica y en ocasiones demagógica de finales del siglo IXX y comienzos del siglo XX. A este nivel analítico es mi deber magistral definir y delimitar la grandiosa elocuencia externa de la señora Blavatsky, en contraste con la especulación a veces fanática y mediocre que en algunas de sus obras han realizado algunos de sus continuadores. Con respecto a la Teosofía quiero determinar con precisión que con H.P. Blavatsky se declaraba públicamente la existencia de los Mahatmas a los que C.W. Leadbeater convierte en "una corte celestial" muy semejante a la hagiografía convencional, que daría espacio y lugar a posteriores deificaciones de los movimientos ulteriores que constituyeron las oleadas secundarias de la Sociedad Teosófica como serían el I´m Movement, The Bridge y Summit University, entre otros muchos.

Cultos Ocultos

La experiencia iniciática personal del autor debe en gran medida a la influencia que desde su más temprana juventud ejercieran los Rosacruces y los Teósofos en su formación ocultista. Al hacer reseña del movimiento teosófico moderno, quiero hacer constancia del tributo de admiración que profeso a su ilustre fundadora. La señora Helena Petrovna Blavatsky, junto con el coronel Henry S. Olcott, funda en New York el 17 de Noviembre de 1875 la Sociedad Teosófica. Posteriormente trasladaría la sede internacional a Adyar en Madras, India, y mucho más tarde, luego de pugnas por el poder, intrigas fantasmagóricas y falsas acusaciones en contra de su auténtica ideóloga y verdadera creadora, la señora Blavatsky se vería obligada a trasladarse a Inglaterra donde escribiría y trabajaría en muy difíciles condiciones.

Haciendo historia recapitulamos: El 8 de Octubre de 1888 Mme. Blavatsky funda en Londres lo que H.S. Olcott describe como un imperio dentro de otro: la Escuela Esotérica de la Sociedad Teosófica, la cual cuenta con sus propios objetivos, diferentes a los de la Sociedad Teosófica externa, y que no son dados a conocer públicamente. Con ello Mme. Blavatsky pretende:

1- recuperar el control hegemónico del movimiento teosófico en el mundo.

2- implementar un sistema de ocultismo práctico sin abandonar su sistema teórico filosófico.

En aquel tiempo Mme. Blavatsky establece un poco conocido nexo con la Golden Dawn (la Aurora Dorada) a través de un oficial de enlace. También en ese tiempo produce su primer cuarto de desarrollo: una pequeña sala con símbolos mágicos y retratos de los Maestros, precedida de una antecámara muy pequeña y de otra pequeñísima, desde la cual por un agujero en la pared observaba lo que los discípulos hacían durante las clases y prácticas de meditación. Estableció que la Escuela Esotérica Teosófica se compondría de tres grados, posteriormente extendidos a cuatro más, y que todos estos

representarían solo el primer grado de la Escuela Esotérica Oriental Transhimaláyica, en la que ella había sido iniciada. Los grados de la Escuela Esotérica Teosófica fundada por Blavatsky eran:
1- oyente o akustikoi, en la tradición pitagórica.
2- shrávaka (chelas o discípulos probacionistas) en la tradición indo-budista, en analogía con las órdenes secretas medievales.
3- juramentados, en varios grados superiores

Tras la intempestiva desencarnación de Mme. Blavatsky, Annie Besant se autoproclama la cabeza externa de la Escuela Esotérica Teosófica y por tanto, la sucesora de Blavatsky.
De acuerdo con la tradición establecida por Blavatsky, la Escuela Esotérica Teosófica tenía como cabeza interna al Maestro Moria, mientras que la Sociedad Teosófica tenía como tal al Maestro Kut-Humi. Posteriores desacuerdos con A. Besant traerían como consecuencia la separación de William Judge, el cual dirigía la Escuela Esotérica Teosófica y la Sociedad Teosófica en los Estados Unidos de América.
Rudolph Steiner, a su vez dirigía la Sección alemana de la Sociedad Teosófica, Max Heindel, Frantz Harmann, Alice Bailey y otros que al separarse fundan respectivamente, otra Sociedad Teosófica en los Estados Unidos de América, en el caso de Judge; la Sociedad Antroposófica, en el caso de R. Steiner; la Fraternidad Rosacruz en el caso de Max Heindel; el Templo Rosacruz, fundado por F. Harmann y, la Escuela Arcana, de la señora Alice Bailey.
Paralelamente a esto comienzan las desavenencias por la creación de la Orden de la Estrella del Oriente, bajo la dirección de Jedu Krishnamurti. Organización ésta con la que A. Besant y Leadbeater pretendían y lograrían, utilizar al joven Krishnamurti como el vehículo de la reaparición del Cristo. Posteriormente, a la muerte de su hermano Nitananda,

Krishnamurti se desilusiona de Annie Besant y de Leadbeater así como del movimiento creado en torno a él, y disuelve la Orden de la Estrella del Oriente después de su ruptura institucional con ambos, aunque conservando una distante relación amistosa.

Jedu Krishnamurti fue el producto de los devaneos emocionales de la señora Annie Besant y, tal vez, de las desviaciones sexuales del señor Leadbeater, de acuerdo a lo que algunos autores han planteado al respecto. El autor de este libro, sin querer usar en este asunto en particular, de su privilegio y poder en la Auténtica Interpretación de estos fenómenos psicológicos y sociales, a este punto se reserva su juicio exacto y definitivo apuntando simplemente que, como es sabido, estas crisis llevaron a Annie Besant a plantearse su posible renuncia a la presidencia de la Sociedad Teosófica y a la clausura efectuada por varios años de la Escuela Esotérica.

Annie Besant, antes de fallecer reabre la Escuela Esotérica Teosófica (influída por el Obispo Leadbeater y los movimientos colaterales, que pendían del Teosofismo de aquel entonces, como eran la Co-Masonería y la Iglesia Católica Liberal, entre otros) crea dentro del aparatus y la nomenklatura de la Escuela Esotérica Teosófica, dos secciones paralelas, aunque dependientes de ella jerárquicamente, a saber:

El Ritual de la Madre del Mundo (un grupo de meditación por la paz que simplemente repetía este mantram: "la Madre del Mundo viene como un ángel, irradiando luz y color y nos muestra el gozo de un nuevo mundo, un nuevo modo de vivir") y,

El Gran Ritual de los Misterios Egipcios, el cual agregaba a los escuetos e iconoclastas grados de la Escuela Esotérica Teosófica fundada por Mme. Blavatsky la parafernalia visual de sitiales y vestimentas de estilo para-masónico, semejante a los Sublimes Grados de Memphis y Mizraim.

De estos dos movimientos apenas quedan vestigios. Sólo en

algunos países existen remanentes y en la ciudad de Atlanta, en los Estados Unidos de América, hay uno de los centros llamados "Templo Egipcio", aunque casi totalmente desactivado, que subsiste todavía con la pompa y la regalía del Gran Ritual de los decenios pasados.

Tras la muerte de Blavatsky, de A. Besant y del obispo Leadbeater, los indostánicos se mantuvieron a la cabeza de la Sociedad Teosófica Internacional. No supieron llegar al punto pronosticado por Mme. Blavatsky, la cual afirmó que a los cien años de fundada la Sociedad Teosófica, la organización estaría dirigida por un Maestro de Sabiduría Transhimaláyico.

Posteriormente, C. Jinarajadasa, el más intelectual y versátil del grupo de los indostánicos y luego N. Sri Ram y Taimi llevarían el movimiento teosófico a su actual tesitura mundial.

La influencia de la señora Rada Burnier al frente de la Escuela Esotérica Teosófica y de la Sociedad Teosófica sólo ha producido más Krishnamurtismo y cada vez, un mayor alejamiento del aspecto esotérico iniciático de la Sociedad Teosófica original. La razón de ser de esta petrificación y falta de capacidad de actualización, en el movimiento Teosófico moderno, ha sido desde mi punto de vista, la total y absoluta ausencia de la idea de Dios. Durante uno de mis viajes a la India, me encontré en Nueva Dehli en 1993, con Rada Burnier, quien se hallaba junto al autor en un Congreso Mundial Budista presidido por el Dalai Lama y en esa oportunidad pudimos intercambiar algunas ideas. En esa ocasión le mencioné mis puntos de vista, pero de alguna manera los regentes del destino hicieron de esta entrevista algo simplemente protocolar.

Es, por lo tanto, mi propósito al particularizar estos puntos, tratar de despertar de nuevo el ideal iniciático de los Maestros de Sabiduría y coadyuvar a que este importante movimiento vuelva a sus orígenes primigenios de la Sabiduría Divina, la fuente Creadora, al reencuentro con Dios nuestro Padre Celestial y la promulgación de uno de sus objetivos: el desarrollo de los poderes psíquicos y espirituales latentes en el Hombre.

A la Teosofía de Blavatsky, de Amonio Saccas, y del Sumo Sacerdote egipcio Akatón, se añaden las investigaciones contemporáneas de Paul Johnson y otros que analizan la presencia de los Mahatmas de la señora Blavatsky como simples representaciones simbólicas, algo así como licencias literarias, de seres que en definitiva aunque sabios o pandits, eran humanos, mortales y por supuesto, de carne y hueso. A esto debo apuntar que no fueron simples fantasmagorías de H.P. Blavatsky, dado que yo los he visto y reconocido, tanto en India como en el Tíbet a los mismos Mahatmas que se le presentaron y existieron hace más de un siglo.

Por otra parte, cabe destacar que en la Sociedad Teosófica de América ha habido en los últimos años un proceso de apertura hacia la Gnosis y el Cuarto Camino de Gurdjieff y sus sucesores. Esto felizmente ha resultado en factor positivo frente a las tendencias krishnamurtianas y cuasi-materialistas de línea budista hinayana que han sustentado los últimos presidentes internacionales del movimiento teosófico.

Es el deseo del autor que el verdadero espíritu teosófico que es absolutamente Divinista y seguidor de los auténticos e inmortales Maestros de Sabiduría, leude y vitalice a la más importante de las organizaciones ocultas modernas.

Resumiendo conceptos, la Doctología enseña que el proceso creativo del Padre Celestial en su Creación, hace emanar la consciencia como capacidad animadora en el Cosmos. El caos es el producto anterior que sirve de elemento primario para la comprensión de los factores que se proyectan en el Universo Manifestado.

El Profeta es un Maestro que enseña el camino de la Vida Superior a aquéllos que tienen visión conciliadora entre discernir la Verdad y apartarse de las miserias de la vacuidad.

Arzobispo Dr. Roberto Toca

La fuente del Poder Taumatúrgico y la Sabiduría Iniciática aquiesciente al Profeta lo convierte de alma cristalizada en espíritu inmortal, en línea directa de sucesión con sus preceptores y predecesores en el Sendero Esotérico.

En definitiva, postulamos que el Ocultismo se ramifica en varias vertientes históricas reconocidas universalmente. Primeramente, las Fraternidades Herméticas, sucesivamente las Escuelas Esotéricas, las Ordenes Mistéricas y finalmente las Sociedades Secretas.

En la primera fase observamos las corrientes de pensamiento oculto que comienzan con Hermes Trimegistus, Zoroastro, Akhaton y Pitágoras; luego, Christian Rosenkauntz, Sir Francis Bacon, Claude San Martin, Martínez de Pasquale y Eliphas Levi, y finalmente con, H.P. Blavatsky, Alice Bailey, Max Heindel, G.I. Gurdjieff, P.D. Ouspensky, M. Nicoll, R. Collin, M. Aivanhoff, Boris Mouravieff y de todos ellos se ramifican innumerables vertientes originales, auténticas, serias y como es natural siguiendo la ley del contraste, se observa la otra cara de la moneda, es decir, las otras sectas carentes de seriedad y autenticidad histórica que vagan entre la demencia y el fanatismo.

Al verdadero mago se le reconoce por su poder manifestado en prodigios. El auténtico Maestro se identifica en la exposición de la Verdad, tan obvia como Lógica. Una Escuela, un Culto, una sociedad de índole ocultista será real en la medida en que se adhiera a este postulado en su forma y en su fondo: El Ocultismo es la apoteosis del sentido común (el menos común de los sentidos).

El objetivo centralizado de la actual Jerarquía Planetaria, Solar y Cósmica, es integrar las fuentes diversas de la Tradición Esotérica Universal en un solo haz y con este propósito se viabilizan los paradigmas de la Era de Acuario en la formulación más alta que se ha podido revelar en el Tercer Milenio del Cristianismo, la Arcaica Enseñanza

Iniciática de Ocultura Universalis y su expresión contemporánea: la Doctología y el Existencialismo Esotérico.

TERCERA PARTE

CAPITULO 6

Desde el Desierto de Gobi: Una información periodística que es tan arcaica como novedosa.- Asgard aquí y ahora: Agartha y Shamballah.- Primera actualización de los componentes de la Gran Hermandad Blanca y sus mensajes.

Siguiendo el patrón de estilo que impregna esta obra, voy a ir directamente a la comunicación de magnitud planetaria que se relaciona con la activación e instalación de la nueva Jerarquía de la Gran Fraternidad Blanca y que es expuesta púbicamente por vez primera. Con anterioridad las obras "Los Maestros y el Sendero" del Obispo Charles W. Leadbeater, e "Iniciación Humana y Solar" de Alice A. Bailey, presentaron el esquema jerárquico que imperó durante casi 20 siglos. Los Maestros que más adelante se relacionan, representan el nuevo círculo que comenzó en 1988. La descripción de personajes y funciones que proporciono a continuación, fue conocida de manera directa por el autor, quien participó personalmente en el ceremonial de transmisión de mando. Los Mahatmas y Nirvanakayas han renunciado al Nirvana y son los Maestros ascendidos. Se encuentran en diversos puntos del planeta viviendo en ashrams o abadías en un ambiente de recogimiento en el cual efectúan la misión encomendada a Ellos por los Grandes Seres que integran la Jerarquía Blanca más allá de este sistema solar. Desde el mes de mayo de 1988, en la Luna llena de Wesak, fueron instalados los siguientes Maestros al frente de cada uno de los Siete Rayos y de las posiciones jerárquicas planetarias en la Tierra:

Primer Rayo: Maestro Kairos
Segundo Rayo: Maestra Hipatia
Tercer Rayo: Maestro Jrara (realiza su labor en Corea, Japón y Egipto)
Cuarto Rayo: Maestro Sin Yao (trabaja con Centro y Sudamérica)
Quinto Rayo: Maestro Lord Tanhaussen (Alemania e Inglaterra)
Sexto Rayo: Maestro Amullabad El Jedihn (derviche sufí en Persia y Turquía)
Séptimo Rayo: Maestro Ragon

Bodisatva: Maestro Kut-Humi
Manú de la Raza: Maestro Moria
Mahachohan: Maestro Racockzi
Buda de la Sexta Raza Raíz: Bodisatva Maitreya
En sustitución del Sanat Kumara, el Sanat Gautama dirige la Gran Fraternidad Blanca, organismo independiente de seres liberados, asociados por derecho y voluntad propios, a semejanza analógica con otros entes similares en el Sistema Solar, la Galaxia y el Cosmos. En el plano político a nivel mundial en este planeta Tierra su correspondiente sería la Organización de Naciones Unidas (ONU) o si se quiere ver el paralelo, la ubicaríamos en el Consejo de Seguridad de la ONU u otro organismo de Jefes de Estado y/o Gobierno de autoridad legítimamente constituida.
El Bodisatva Maitreya, junto con otras dos figuras, tiene como misión elevar el nivel de nuestro planeta. Esas dos figuras son el Sanat Kumara, que salió del planeta el 15 de mayo de 1988 y el Baba Dugpa Lama, un aspecto de la Tercera persona de la Trimurti. Ellos resumieron la Enseñanza Mistérica de esta forma: La simbología de la metáfora define en síntesis pero no limita el alcance de su

postulado "Las palomas mensajeras fueron educadas y entrenadas por primera vez en la historia para su misión de portar mensajes a través de largas distancias, por la Gran Fraternidad Blanca desde Agartha y Shamballah a todos los centros de poder en el planeta".

Los Mahatmas de la Jerarquía Planetaria nos enseñan que el hombre debe hacer todo el esfuerzo por sí mismo. Pero el hombre paradójicamente, no puede hacer nada por sí mismo si no entra en contacto con una fuerza y energía superiores que le ayuden a sobresalir y vencer las leyes de la recurrencia. De ahí la necesidad de la existencia de las escuelas.

El latihan permite transfundir toda la energía que se ha transmutado en Arcano o Tantra en los diferentes aspectos de la Iniciación.

Los hombres, al ser eléctricos, están mejor condicionados para el trabajo. En la medida en que la mujer se abre en latihan, absorbe más lo positivo y lo negativo ya que las hembras son más receptivas y magnéticas.

En el pasado remoto las funciones directrices estaban generalmente en manos de los hombres, mientras que las mujeres se formaban como sibilas, columbas, vestales, pitonisas, sacerdotisas y profetisas. Posteriormente las mujeres entraron durante el medioevo en labores de dirección, que se incrementarían entre los siglos IXX y XX.

Y finalmente se pronunciarían así: "Los Maestros de Sabiduría: de lo que saben, guardan la mitad, muestran la cuarta parte y lo callan todo". Por tanto, en las Escuelas de Misterios impera el régimen de secreto y las técnicas se guardan rigurosamente de los profanos para que estos no obstaculicen el efecto favorable de las mismas y asegurar su legítima transmisión a los que han pasado con éxito por las pruebas del Sendero, y se han hecho acreedores a recibirlas.

Los Mahatmas postulan en su enseñanza que todas las religiones llevan a Dios si son practicadas con sinceridad. Pero sólo las que tienen una escuela esotérica llevan a alcanzar la liberación en forma acelerada. El Camino del Desarrollo es aprender a ser sincero, auténtico. Aunque como Ellos insisten: El hombre sincero tiene derecho al error.

Luego, dentro de todas las auténticas religiones existe la Gnosis que conduce a la Auténtica Interpretación de los Libros Sagrados, ceremonias y Tradiciones que cada uno de ellos sustenta. Pero la base substancial de toda religión es la creación del alma y la consecución de la inmortalidad. Para ello dentro de las concepciones teológicas, artísticas, científicas, literarias y filosóficas, así como en las artes corporales físicas como son las técnicas de culturismo, defensa personal, equitación, esgrima y los deportes constructivos y no agresivos, existen los tradicionales tres caminos que actúan cada uno de ellos respectivamente, sobre el cuerpo físico, las emociones y el pensamiento. Para los más desarrollados se abre igualmente un Cuarto Camino de la utilización consciente y simultánea de los otros tres anteriores. Todos estos caminos o senderos intentan llevar a la autorrealización espiritual.

El trabajo sobre uno mismo dentro del Sistema del Quinto Camino es para todo aquél que quiera hacer de la presente su última encarnación. Hay que aprender a agradecer lo que la vida nos da, valorarlo y utilizarlo. En esto consiste el aprendizaje de la Doctología y su aplicación del Existencialismo esotérico.

Por medio del Existencialismo Esotérico se logra: el dominio del cuerpo físico exterior, el control emocional y mental, la auto-realización, exteriorización y proyección, así como una visión superior de los mundos invisibles.

El Camino del Desarrollo comienza cuando ya no se resiste más, cuando se ha agotado el placer y el dolor, cuando la decepción del mundo material y de las gentes comunes y corrientes nos han convencido de que no vale la pena lo superficial y comenzamos a buscar algo permanente, que dé sentido a nuestra vida. En ese momento se puede vencer o

sucumbir a la personalidad. Por eso, es preferible aparecer temporalmente egoísta, que nunca justo, como enseñaba Gurdjieff. Lo que equivale a: "Ser es ser diferente". Gurdjieff ponía como ejemplo al bandido que esperaba durante horas el paso de un carruaje para asaltarlo en el camino, resistiendo tal vez un día completo sin moverse, apostado, bajo las inclemencias del tiempo, el calor, el hambre. De ese modo, aunque su propósito era equivocado, alcanzaba en esa vida a raíz de esas experiencias vitales, su esencia. La clave es tener voluntad. El camino del éxito es voluntad aplicada a la inteligencia. Esto se traduce como Thelema o Voluntad de la Voluntad. En el Sistema se explican y aplican estos principios para el logro de la creación del alma inmortal. El trabajo sobre uno mismo es lo más importante en el desarrollo integral del ser humano. La capacidad de realizar curaciones o sanaciones, puede ser una manifestación del desarrollo pero también aquéllas pueden ser realizadas por personas que no hayan necesariamente alcanzado el desarrollo ultérrimo. La manifestación de ciertos poderes no produce el desarrollo del ser, sino el desarrollo de los siddhis. No significa haber obtenido la integración de la conciencia, a pesar de ser pasos importantes en el proceso de constitución del ente permanente o cuerpo causal. Trabajar para el plan de Dios libera el karma más que cualquier otro modo o medio porque es trabajar para el propósito último del Universo. El planteamiento original y ultérrimo de la Arcaica Enseñanza Iniciática de Ocultura Universalis es simplemente: "Poner a Dios por encima de todo". En el Camino del Desarrollo una cualidad imprescindible es la sinceridad y la confianza en el Plan de Dios, que es la Evolución.
Cuando está encarnado, al Maestro se le reconoce por los mudras faciales y también por los silencios. El auténtico Maestro es Profeta, Taumaturgo y Pontífice, reconocido por las Jerarquías mundiales. El Maestro viviente ejecuta y cumple el propósito cósmico, o sea, la Voluntad del Ser

Supremo. El Gurú es la prolongación de la Sabiduría Divina puesta en acción por medio de la enseñanza de la Verdad. Haciendo historia, recordamos que en el año en que el Obispo C.W. Leadbeater recibió de los Maestros ascendidos el texto de su obra "Los Maestros y el Sendero", sólo había unos sesenta Maestros liberados. En el Tercer Milenio del cristianismo, su número debe ser de 7,000 Maestros liberados.

La Gnosis del Tercer Milenio del Cristianismo es el resumen de todo el conocimiento esotérico que ha de ser entregado a los Hijos de la Raza de los Hombres. Los Maestros de la Nueva Era postulan que la Década Pitagórica es el símbolo de la Era de Acuario.

La Tierra es una entidad de polaridad femenina, un ente vivo, Gaia. Hay que saber usar la energía telúrica para modificar y equilibrar nuestra energía interior y las fuerzas ecológicas. Los demás reventarán cuando mueran, reventarán como perros como decía Gurdjieff, si no han creado el alma. Para alcanzar la liberación habrá que aferrarse al manto de la divinidad con la utilización del latihan, y la aplicación del Cetro del Poder, provocando la "creación" del alma inmortal.

Se nos ha dicho que el ver a los Maestros tal y cómo son precipita el Karma. Por eso debemos polarizarnos positivamente antes de llegar ante la presencia de un Mahatma o gurú.

Los Maestros hablan como una entidad homogénea. Hay personas que dicen en conferencias públicas comentarios que son simplemente opiniones de personas o grupos, pero esto no tiene nada que ver con los Maestros de la Gran Fraternidad Blanca. El Maestro verdadero de cualquier escuela viva ("la Madre" o Alma Mater) cuando enseña está obligado a impartir el conocimiento, la información y la sapiencia de su Escuela Esotérica y nunca interpolará sus criterios personales en cuanto a la Arcaica Enseñanza Iniciática de Ocultura Universalis sin advertirlo a los discípulos escrupulosamente. El Iniciador canaliza un caudal de fuerza al que los discípulos, de otro modo, por sí mismos, no podrían tener acceso en esta encarnación siendo uno de los portentos la ya referida aplicación del cetro del poder que es privilegio y potestad única del Profeta que reúne las condiciones de Tetrarca Universalis.

El Maestro Kut-Humi decía que depende de cada uno llegar al éxito o al fracaso. Decía el mismo Maestro enigmáticamente: "Yo no soy más que el conjunto de fuerzas que obran en mi ser". La profunda psicología subyacente en este paradigma, evidencia en este Maestro su pasada encarnación, en la que siendo Pitágoras, fundara su escuela esotérica en Crotona, al sur de la península itálica, donde desarrollara estos conceptos como padre de la Psicología y de los términos Filosofía, exotérico o externo, mesotérico o probatorio y esotérico o iniciático en los Misterios.

Los Grandes Seres enseñan a los discípulos que concentrándose en los Peldaños de Oro y visualizando al Maestro visible de la Escuela del Desarrollo, así se descubre al Maestro Invisible. Se debe además añadir los siguientes mantrams: "Cro Maat", "Ebenezer", "Lon kon Pak" y "Maranata". Por medio de estos cuatro mantrams se encuentra el Rayo a que se pertenece y también el Subrayo. He aquí una clave que completa aspectos tratados por la insigne escritora Alice Bailey en su obra "Tratado sobre los Siete Rayos". Así de este modo se llega a pagar el precio de aliviar el pesado karma que al mundo agobia.

Hacemos constar que hay 166 modos diferentes de pronunciar el OM, y a la vez tener en la mente el objetivo de alcanzar el significado que subyace en cada mantram o sonido-vocal-mágico.

La palabra Ra en el mantram OM RA MAAT, significa la conciencia cósmica de Dios en el Sistema solar.

Cro Maat es un mantram de origen egipcio, cuyo significado es la Verdad realizada, algo como Amén o Así sea.
Lon kon Pak es otro mantram muy poderoso. Señala la vía hacia Agartha, Shamballah y Asgard. Maat significa la Verdad.
Pero todos los mantrams proceden del OM. Los que terminan con sonidos fuertes son de rompimiento, en tanto que otros son para aquietar los vitris, es decir, la modalidad del pensamiento. Tocar el cielo con los dedos, al menos por un instante, es la forma de tener el contacto con la divinidad. Al realizar las prácticas adecuadamente y vivir con arreglo a los Principios del Camino del Desarrollo, se va forjando una fuerza interior, una energía y un poder que va creando el antakarana o puente de conexión entre el Alma y la personalidad.
En la medida en que se practican Los Peldaños de Oro, se realiza el Camino de Desarrollo. Para establecer contacto con el Maestro Interior hay que conocer el Rayo de cada uno. La destrucción de la personalidad, de lo falso y superficial en cada uno es el paso principal. Cuando la individualidad ha sido vencida, entonces será imposible dar un paso en falso. Así se puede atravesar el mundo astral y entrar en el Pórtico del Templo secreto de la Gnosis.

LA JERARQUIA DE LA AUTENTICA ENSEÑANZA INICIATICA DE OCULTURA UNIVERSALIS

La Jerarquía Oculta tiene cuatro prominentes líneas de acción:
1. Desarrollar la autoconsciencia en todos los seres en el Universo.
2. Desarrollar la consciencia en los tres reinos inferiores de la Naturaleza.
3. Transmitir la Voluntad del Logos Planetario, o sea, el propósito cósmico de Dios.

4. Dar un ejemplo a la humanidad para que logre más rápidamente la liberación del renacimiento.

Hace unos dieciocho millones de años ocurrió un gran acontecimiento que trajo cambios fundamentales a nuestro planeta: El Logos planetario del plan de nuestra Tierra, uno de los Siete Espíritus Poderosos delante del Trono de Dios, tomó cuerpo físico y en la forma de Sanat Kumara, el Anciano de los Días y Señor del Mundo, descendió a este planeta físico y desde entonces permanece por siempre con nosotros. La Biblia lo define como el Sumo Sacerdote Melquisedec. Realizó el Gran Sacrificio de dejar la gloria de los altos lugares y, en favor de la evolución de los hijos de los hombres, tomó forma física a semejanza del hombre, pero por la extrema pureza de su índole no pudo adoptar un cuerpo físico denso y ha de actuar en su cuerpo etéreo. Con el Anciano de los Días vino un grupo de otras Entidades altamente evolucionadas que representan su propio grupo kármico individual, y los seres que manifiestan la trina naturaleza del Logos Planetario.

Después del gran descenso de las entidades espirituales a la Tierra, quedó sistematizada la labor que proyectaban. Se distribuyeron las funciones y el proceso de la evolución en todos los aspectos de la Naturaleza quedó bajo la sabia y consciente guía de esta Fraternidad inicial.

Esta jerarquía de hermanos de la Luz aún existe y su obra continúa constantemente. Todos los hermanos existen físicamente, bien en cuerpo físico denso, tal como lo emplean muchos de los Maestros; bien en cuerpos etéreos, tal como los que ocupan los más excelsos auxiliares y el Señor del Mundo.

Como ya he consignado, la Sede central de esta Jerarquía está en Shamballah y Agharta, centro del desierto de Gobi, llamado en las obras antiguas "La Isla Blanca". Varios de los Maestros que tienen cuerpo físico viven en los Himalayas, en el lugar retirado de nombre Xigatsé, lejos de las rutas usuales de los hombres. La mayor parte de los Maestros están diseminados por todo el mundo, morando en diferentes puntos de diferentes naciones, sin ser reconocidos ni nombrados, pero cada uno en su propio sitio forma un foco de energía del Señor del Mundo y difunde en torno suyo la sabiduría y el amor de la Deidad, del Supremo Avatar y del Cristo Cósmico.

Muchos excelsos seres de origen planetario y solar y una o dos veces, de orígen cósmico, han prestado su ayuda y residido por breve tiempo en nuestro planeta.

La energía que fluye de ellos, su profunda sabiduría y experiencia estimula la evolución terrestre y lleva los designios del Logos planetario a puntos más próximos a su realización. Cuando estos seres abandonan nuestro planeta, ocupan sus lugares los miembros de la Jerarquía deseosos de especial adiestramiento, con la correspondiente expansión de su consciencia. Así también los Adeptos y Maestros son sustituídos en sus posiciones por altos iniciados y de este modo hay oportunidad para los discípulos y los hombres altamente evolucionados de pasar a formar parte de la Jerarquía en sus diversas posiciones y cargos.

La Jerarquía Oculta está dividida en grupos de acuerdo a su actividad:

Con dominio sobre cada unidad y dirigiendo toda la evolución está el Rey, el Señor del Mundo. Cooperando con El, como sus consejeros hay tres personalidades, llamadas Budas de Actividad.

El resto de la Jerarquía está dividido en tres principales grupos y cuatro subsidiarios. Cada uno de estos grupos está presidido por uno de Aquéllos a quienes llamamos los tres Grandes Señores:

1. El Manú: es el hombre ideal, el pensador. Fija el tipo de la raza aria. La Obra del Manú se refiere en gran parte al gobierno y la política del planeta, y al fundamento, dirección y disolución de tipos y formas raciales.

Representa el Aspecto Voluntad.
2. El Bodisatva o Instructor del Mundo: es el Gran Señor de Amor y Compasión. Guía los destinos espirituales de los hombres y el desarrollo del reconocimiento interno en cada ser humano de ser hijo de Dios e hijo del Altísimo. Representa el Aspecto Amor como el Cristo, la segunda persona de la Divinidad, o sea, el Hijo de Dios el Padre.
3. El Mahachohan: es el Señor de la civilización. La suma total del aspecto inteligencia. Su obra se refiere al estímulo y robustecimiento de la relación entre el espíritu y la materia; la vida y la forma; el Yo y el No-Yo, que resulta en lo que llamamos civilización. Representa el Aspecto Inteligencia.

Cada uno de estos departamentos principales preside cierto número de oficios subalternos; y el departamento del Mahachohan está dividido en cinco secciones que incluyen los cuatro aspectos menores del gobierno jerárquico. Sus divisiones siguen a las de los cuatro rayos menores de atributo, que son:

a) El Rayo de la armonía o la belleza
b) El Rayo de la ciencia concreta o conocimiento
c) El Rayo de la devoción o del idealismo abstracto
d) El Rayo de la ley ceremonial o de la magia.

Los miembros restantes de la Jerarquía Oculta están distribuídos en dos grandes Logias:

1) Logia Roja de los Iniciados que han pasado más allá de la Quinta Iniciación
2) Logia Azul, constituída por todos los Iniciados de las iniciaciones tercera, cuarta y quinta.

Sigue a éstos un gran grupo de iniciados de la primera y segunda Iniciaciones y luego los discípulos de todo grado, distribuídos en: el Aula Violeta, el Aula Amarilla y el Aula Verde. Los discípulos se consideran afiliados a la Logia pero no son miembros efectivos de ella. Finalmente, los que están a prueba y esperan lograr la afiliación tras esfuerzo intenso, o sea, los probacionistas y neófitos aspirantes.

"El Secreto a Voces"

EL MENSAJERO SAR MAR PROFETA PROCLAMA ALGUNOS DE LOS TEXTOS SECRETOS DE LA DOCTOLOGIA Y DE SU ESCUELA INICIATICA DE OCULTURA UNIVERSALIS. LA ENERGIA TRANSFORMADORA Y RENOVADORA DE LA ERA DE ACUARIO SE CIERNE SOBRE EL MUNDO.

Decía el filósofo y científico Teilhard de Chardin que el hombre se ha considerado siempre a sí mismo como viviendo en un punto decisivo de la historia. En cierto modo no se hallaba equivocado, dado que el ser humano sube y avanza describiendo su recorrido en espiral. Pero hay momentos en que esa sensación de transformación se acentúa y nos hallamos en un punto clave. Teilhard profetizó el fenómeno central de nuestro tiempo: el cambio esencial en el espíritu humano individual que conduce las sociedades modernas hacia un nuevo marco de pensamiento. El futuro somos nosotros mismos, nuestro desarrollo y evolución.

¿Quién no ha experimentado bajo un fuerte estado emocional el anhelo de un cambio, una modificación para el perfeccionamiento de sí mismo, un "querer ser mejor" muy intenso que apenas ha durado unos minutos o todo lo más unas pocas horas? ¿Qué valor tiene lo que no deja huella en el alma? Lo importante en una experiencia transformadora individual es el Poder para transformar permanentemente una vida. Aquí es donde radica la trascendencia de nuestro momento histórico. Cada vez un creciente número de individuos en quienes se ha producido el arribo a la conciencia de sí mismos, se incorpora a la elevada tarea de preparación universal para la llamada Era de Acuario. El fin de la Era de Piscis no es la destrucción del planeta, pero sí de los órdenes sociales, los patrones culturales y de la devalorización que caracterizan el tiempo pasado.

Por largos siglos, en diversas partes del mundo unos pocos iniciados de cada generación han compartido entre sí técnicas diversas, capaces de inducir experiencias semejantes. Fraternidades, órdenes religiosas y pequeños grupos diseminados han explorado lo que constituye los dominios extraordinarios de la experiencia consciente. En la enseñanza esotérica se ha hablado siempre de las cualidades libertadoras de la experiencia iluminativa. En los últimos tiempos parte de la riqueza de las antiguas civilizaciones se ha hecho accesible al conjunto de la población, creando en grupos masivos de personas el interés y la necesidad de transformación interna, la evolución y la liberación interior, que son el único medio de integración y armonía sociales. De este modo la Gran Fraternidad Blanca se halla en proceso de crear las condiciones para el Advenimiento del Nuevo Supremo Avatar, sirviéndose para ello de las energías mentales y espirituales de todos los iniciados agrupados en lo que ha recibido el nombre de Conspiración de la Era de Acuario, una especie de vanguardia cuyo objetivo es la transformación acelerada de la especie humana.

No todos los sistemas de expansión y profundización de la conciencia emplean las mismas estrategias, pero algunos conducen a descubrimientos personales que ahora por vez primera son objeto de la atención de la ciencia. Se ha demostrado que las experiencias subjetivas sobrepasan el plano de la percepción particular, y tienen correlatos de carácter objetivo. Es decir, un individuo que alcanza el nivel más elevado de conciencia y de ser, adquiere igualmente una mayor integración de la actividad cerebral, un grado mayor de organización y en definitiva, su cerebro experimenta una transformación acelerada. Las técnicas de transformación abren el acceso a la creatividad, a la salud física y mental, a la libertad de elección. El don de la intuición, es decir, la capacidad de conocer directamente las conexiones entre las cosas, sin pasar por el procedimiento del análisis lógico, puede ser adquirido y desarrollado mediante la unificación de la conciencia, en un proceso absolutamente natural de desenvolvimiento de los potenciales ocultos en el hombre. Las postrimerías del Segundo Milenio de la Era Cristiana son, por tanto, el comienzo de un nuevo futuro. En la Nueva Era quienes quieran sobrevivir a la mediocridad, a la miseria intelectual, al vacío y a la náusea existenciales, han de volver sus ojos y sus entendimientos hacia quienes pueden ofrecer razones para vivir y creer en el mañana y en sí mismos. La energía de Acuario ya comienza a derramarse para la renovación espiritual de la Humanidad. ¿Se halla usted preparado para el evento culminante que se avecina?

FESTIVAL DE WESAK DE 1987
PRIMER CENTENARIO DE LA FUNDACION DE LA ORDEN HERMETICA DE LA "AURORA DORADA" (GOLDEN DAWN)

A los que tenemos el privilegio de participar según nuestras peculiares características y grados iniciáticos en el ceremonial secreto que conmemora este año los grandes acontecimientos de la Luna Llena de Wesak, y la instauración de la Orden Hermética de la Golden Dawn, unas palabras preliminares que ayudarán en la comprensión del misterio que vamos a celebrar.
Desde la muerte del Príncipe Sidharta Gautama, conocido como el Buddha, o sea el Iluminado, cada año los fieles de las corrientes y escuelas que continuaron sus enseñanzas se reúnen en un valle de las estribaciones de la cordillera de los Himalayas, para conmemorar su aparición al Mundo, el Derrame de su Bendición y la presencia de toda la Jerarquía de Maestros y Discípulos miembros de la Gran Fraternidad

Blanca.

En la ocasión de la Luna Llena del mes de mayo (mes de Wesak) la sombra del Buddha se manifiesta sobre el estanque y más allá de las colinas en un punto geográfico del Tíbet. El Señor Maitreya en su condición de Boddhisatwa, toma el Cetro del Poder que le facilita el Señor del Mundo, el Sanat Kumara, y a una señal del Mahachohan en medio de las columnas de Chohanes de Rayos que comandan a su vanguardia, el propio Mahachohan y el Manu Vaiwasvatta, lo eleva hasta su cabeza y pronuncia los mantrams envueltos en las palabras: "Todo está preparado, Ven Maestro".

El rito mistérico que acompañamos es la versión esotérica (que no aparece en libros publicados) de lo que se verifica en esta ocasión.

Por otra parte, la conmemoración del establecimiento y fundación de la Orden Hermética de la Golden Dawn, es la rememoración de la continuidad histórica de las sociedades mistéricas y las escuelas esotéricas, a partir de las fraternidades místicas orientales y egipcias, la Escuela Sarmang del Asia Central de los tiempos de Zoroastro, que luego se convirtieron en las escuelas de cristianismo monástico y sufismo y posteriormente en las órdenes Rosacruz, Martinista, Iluminista y el renacimiento del Templarismo, la Masonería y el Cabalismo. La Golden Dawn fue hace cien años lo que hoy somos nosotros: una escuela del Cuarto Camino, una sociedad esotérica que transmite todas las tradiciones mistéricas.

La continuidad histórica del linaje mistérico se puede exponer de este modo: Zoroastro y la Escuela Sarmang, Amenoteph IV y los Misterios Egipcios, Salomón y la Masonería, Jesús y la Escuela Esenia, que se transformaría en el Cristianismo esotérico, Mahoma y el Sufismo, Asoka y la Sociedad de los Nueve Sabios Incógnitos, Christian Rosenkrantz y la Orden Rosa-Cruz, Martínez de Pascualis y la Orden Martinista, MacGregor Matters y la Golden Dawn,

Gurdjieff y las Escuelas del Cuarto Camino. La Orden del Temple y los sucesores del Caballero de Molay, la Iglesia Católica Gnóstica y sus últimos patriarcas contemporáneos: Arnold Krümm- Heller y Sar Thelémako, así como los Grandes Maestros, Hierofantes e Iniciadores, forman la cadena mística de sucesión que llega a nosotros a través del Hierofante- Iniciador de esta obra, o sea, la Cabeza Externa de la Orden, Sar Mar Profeta.

Amén-Aum-Long-Kong-Pak
Om-Mani-Padme-Um
Fiat-Voluntas-Tua

DECLARACIONES DEL SANAT GAUTAMA EN EL DIA DE LA ASCENSION, EL 5 DE MAYO DE 1988

Yo soy como vosotros, hijo de la Raza de los Hombres. Llegué de donde llegasteis vosotros, he recorrido vuestro mismo camino. He pasado vuestras mismas vicisitudes; conozco por lo tanto vuestra vida y vuestro destino. Hace muchos siglos que alcancé la liberación suprema, y hace mucho más que fui iniciado en el Noble Sendero que a la vida lleva. El único calificativo que quiero es el de Señor de Misericordia, porque si hay una cualidad que en mí se ha hecho acción es la del Amor por la Sabiduría, que se manifiesta en Misericordia y constituye la esencia de mi Rayo y de mi Ser. Quiero dirigirme a vosotros ahora para ofreceros desde el lugar santo de este corazón de hijo del hombre, la dádiva que marcará la tónica de vuestro tiempo futuro. El Rayo de la Creación trabajará y obrará ahora en los que están abiertos, de una nueva forma. Durante el próximo período septenario, cada uno de vosotros podrá, si así lo quiere, cristalizar por medio del Tanja, el Purusha que lleva al Moska. Esto significa que a través de mí mismo pasará ahora a los hijos de la raza de los hombres, la octava más alta que sois capaces de recibir y de percibir y que culminará en la acentuación de un nuevo paradigma que será conocido como el tiempo de la Bienaventurada Iluminación.

Al tomar el cetro en mis manos y recibir de vosotros la Llama Flamígera, renuncio una vez más a toda reverencia o gratitud, entregando lo mejor de mí mismo sola y únicamente en razón del común ideal de la vida universal consciente. Por mi voluntad, que se genera de la autoridad dada a mí por los Señores de la Llama, proclamo que de ahora en adelante y hasta mi final partida al término de este período mundial, existirá un único Octuple Sendero, que sintetizará en un ciclo de un siglo todas las religiones del planeta Tierra.

Proclamo y establezco además que se abrirán paulatinamente todos los misterios planetarios y que se comenzará a impartir la enseñanza del secreto y del misterio, más allá de nuestro sistema solar. Por lo cual conservarán solamente el carácter histórico todas las escuelas de todas las filosofías y religiones, conservando únicamente la Escuela Esotérica Oriental, la sucesión y el legado de nuestro común Padre y Sostenedor de la Galaxia.

Asímismo designamos a los Maestros que serán los nuevos Chohanes de los Siete Rayos Planetarios. Ellos son: el Maestro Kairós, Chohan del Primer Rayo; la Maestra Hipatia, Chohan del Segundo Rayo; el Maestro Jrara, Chohan del Tercer Rayo; el Maestro Sin Yao, Chohan del Cuarto Rayo; el Maestro Lord Tanhaussen, Chohan del Quinto Rayo; el Maestro Amullabad el Jedinh, Chohan del Sexto Rayo; el Maestro Ragon, Chohan del Séptimo Rayo.

Proclamamos al Maestro Kut-Humi como Bodisathva, al Maestro Moria como Manu de la Raza y al Maestro Racockzi, como Mahachohan. Asímismo a nuestro hermano de sangre espiritual el Bodisathva Maitreya, lo proclamamos como el Buda de la Sexta

Raza Raíz, siendo sus colaboradores los Grandes Maestros: Druba, Confucio, Texacoal, Akenatón, Aguila Bicéfala y

Mohamed. Declaramos disueltas todas las jerarquías anteriores, todos los pactos y juramentos de obediencia a las órdenes, cofradías, sangas, escuelas y monasterios, que ahora pasan a ser históricos.

Impartimos nuestra luminosa bendición al Camino de Sirio que será en adelante la vía iniciática que lleve a los hijos de los hombres hasta el recinto de la Luz Suprema.

Yo Soy Sanat Gautama, Señor Del Mundo, Siervo del Avalokiteswara en todos los lokas de este planeta Tierra para Iluminación de la Raza de los Hombres.

OM MANI PADME UM. ¡LONG-KONG-PAK!

(Extracto del Sermón del Bienaventurado Señor Sanat Gautama, proferido desde las colinas Wesak frente a los Maestros e Iniciados, discípulos y peregrinos asistentes a su instalación como el primer hijo de la Raza de los Hombres, entronizado como Señor del Mundo en el Planeta Tierra).

LA DESCRIPCION DEL FESTIVAL DE LA DOBLE LUNA LLENA DE WAISAK.

A las tres horas y ocho minutos de la madrugada, hora de Katmandu, hizo su arribo la Altísima Comisión Cósmica del Sistema Solar Ors, presidida por el Santísmo Ashiata Shiemash, "Enviado del Cielo a la Tierra", acompañado de los cuatro Kumaras del planeta Venus y del Altísimo Arcángel Adossía; los lipikas, de la estrella Polar, Pandetznokh; de la estrella Alfa del Centauro, Unanik; de la estrella Sirio, Kalman, y de la Vía Láctea, Venoma, los cuales llegaron en "una nube sobre el santuario", dirigida por el Angel Kondoor, el cual condujo este cometa de "vasta órbita", que viajó por la Toosook o esfera doble a una velocidad más rápida diez veces que la de la Luz, o sea, diez looniases, tardando en llegar 17 kilprenios (medida horaria), utilizando como combustible el elekilpomagtistzen, el cual se sirve de la substancia etzikolniakhniana (rayos cósmicos

procedentes del etherokrilnos universal).
La Altísima Comisión de la Investidura, en representación del Más Absoluto Solar, el Omnipresente Okidanosk (Plenitud-de-su-significación-íntima) y de su aspecto femenino, la sagrada entidad kalkianos, que trabaja para la Armonía-general-cósmica-del-mantenimiento - recíproco- de-todas-las- constelaciones -estelares y actúa en los desplazamientos Tastartoos que vinculan las concentraciones nerviotricerebrales del Tetartacosmos en su penetración en la Ilnosparmia del planeta Tierra. Por un fenómeno de panspermia esta Altísima Comisión apareció a la vez, distribuída en los nueve puntos del ceremonial mágico del Festival de Waisak.
El ritual comenzó con la aparición de la Sombra del Buda, seguido de la procesión de la Gran Logia Blanca de Maestros Ascendidos. A las cuatro en punto, el Sanat Kumara en persona, tomó el cetro del poder llamado Dorje y empuñándolo en su mano izquierda lo pasó delante de todos los Grandes Seres que se encontraban en torno al altar de piedra en donde se hallaba el Grial transparente que simboliza la energía del "Anima Mundi" en nuestro planeta. Terminado esto, una nube vaporosa de color azul plateado vibrante cubrió todo el sitio en donde se celebraba la ceremonia para velar el rito de todos los presentes, excepto de los Maestros Ascendidos y Grandes Seres, que quedaron envueltos dentro de la nube. Aquí y ahora no puede decirse más al respecto.
A las cuatro horas cuarenta y nueve minutos, apareció el Buda en persona, mientras su propia sombra se desmoronaba a sus espaldas, empuñando en la mano derecha el Cetro del Poder, o sea, el Dorje, que simboliza la fuerza de Kundalini y Kundarfer del Logos Cósmico en la base del centro del planeta Tierra. En esos momentos los Maestros de los grados inferiores y sus discípulos entonaron a coro el mantram "Om Mani Padme Um Sanat Gautama", en salutación al nuevo

Señor del Mundo. Los iniciados presentes ofrecieron flores y frutas al Más Elevado de los Hijos de la Raza de los Hombres. Los Budistas, los Shintoístas, los Hinduístas, los Mahometanos, los Gnósticos cristianos y todas las Escuelas de las diferentes fuentes del conocimiento secreto que estaban presentes, entonaron un mantram que se confeccionó especialmente para esta ocasión. Al final de la ceremonia y tras el discurso del Señor del Mundo, Sanat Gautama, la Altísima Comisión Cósmica de su investidura entrelazó su aura en torno al Más Grande de los Hijos de la Raza de los Hombres, y el Santísimo Ashiata Shiemash declaró nueve días de internalización del ser de toda la Gran Hermandad Blanca del planeta Tierra, para, sintonizados al nivel de la Mónada, entrar en comunicación directa con el Más Sagrado Absoluto Solar, la entidad que en esta Convergencia Armónica conjuga su Segundo Rayo individual con el acontecimiento de que un Hijo de la Raza de los Hombres, también del Segundo Rayo individual, se encuentra a la cabeza de la jerarquía planetaria de la Tierra hasta la Séptima Raza Raíz.

Percibido por este siervo OHO (Cabeza Externa de la Orden), de la Escuela Esotérica de la Internacional de la Iniciación en la Era de Acuario.

Mayo 15, 1997

Comunicación de la Cabeza Invisible de la Escuela Esotérica.
A la Cabeza Externa de la Orden y a todos los hermanos y hermanas, Saludos en el Nombre de mi Dyan Chohan (........)

Tal y como les había relatado antes, la ciencia está encontrando los agujeros negros "los puntos de densidad de la materia física que interconectan los planos tridimensionales con los mundos de antimateria". Junto a esto la idea cada vez más accesible a la información generalizada de la existencia de océanos bajo la superficie helada en los planetas Marte, Venus y en la luna de Júpiter llamada Europa.

Si a esto unimos los próximos hallazgos de antiguas culturas sumergidas en el mar y en las entrañas de la Tierra en las que habitan varias corrientes genéticas en estados de civilización mucho más altos, podemos entonces colegir que la revolución científico-técnica tendría un próximo hito de esplendor asombroso a partir del inicio del Tercer milenio.

En los albores de este siglo de las estrellas que se avecina surgirá la nueva modalidad de espiritualidad iniciática guiada por el Eón de aspecto femenino de la divinidad conocida como Astarté, la Virgen Blanca, dentro del cúmulo de las exploraciones psíquicas, de la canalización espiritual y de la plasmación energética vital de las entidades astrales que constituyen la misión de los "ministros dispensadores de la Nueva Ola", con extraordinaria significación para la prosperidad, sanidad y desenvolvimiento de las facultades de todos los iniciados en el camino que va hacia la estrella Sirio.

Los logros, anhelos e ideales en los que comprometen ustedes su voluntad e inteligencia dentro de la gran obra en la que están participando, serán satisfechos y alcanzados por el contacto y establecimiento de una relación directa con el "aliado" (ángel tutelar guardián y velador) y por la afinidad de nuestro entendimiento con los Grandes Seres del mundo invisible.

Uno de los Nueve Sabios Incógnitos tiene la tarea de darse a manifestar ampliamente en el mundo a través de su actividad literaria y es el objetivo del Señor de la Historia, MJH (Maron Jason Athos), que circule toda la influencia de su aura a través del magnetismo escrito de su mensajero, Sar Mar Profeta, para que el proceso planetario de, primero el contacto y segundo, la llegada, la Reaparición y la Implantación, puedan verificarse dentro del Plan de la Gran Jerarquía que trabaja para el cumplimiento del propósito divino en este esquema de evolución.

La posición estelar particularmente importante de este tiempo les lleva a una Epifanía iniciatoria donde un nuevo orden de poder estará surgiendo, atravesando y realizando el cometido supremo de los Grandes Arcontes del destino. Recordad mis palabras: el destino es algo grandioso y vosotros lo teneis ahora delante para ser, tal vez por primera vez, ejecutores conscientes de una voluntad cósmica que se vierte en el interior de cada uno.

Mirad esto: el Cetro del Poder ha penetrado en lo más hondo y la energía cósmica vibratoria está adherida inexorablemente en la naturaleza íntima de quien lo ha recibido. Esta es una oportunidad extraordinaria en que el Mago se hace mágico; en que el aliento se funde con el rezo, en que el Verbo elocuente transmite con caracteres de fuego el mensaje inaudito e inusitado de la sorpresa que despierta el alma.

Recordad, amados discípulos, acerca de vuestro maestro, del que os enseña, del que os transmite la fuerza cósmica y su relación con nosotros, los Maestros Ascendidos: "Ellos (los Grandes Iniciados) serían hoy como él es, él habría sido ayer como ellos son". Y es a través del mensajero que se abre el puente para llegar al Grande entre los Grandes, al Cristo Cósmico.

Yo les atestiguo una vez más: "Esto es algo muy serio; aquéllos que lo reconozcan, lo verán primero".

Firmado: Príncipe Rakoczi

MENSAJE DE SANAT GAUTAMA EN EL FESTIVAL DE WAISAK (Mayo de 1997)

Om Amitava, no midas con palabras lo incommensurable, ni

hundas la sonda del pensamiento en lo insondable. Quien pregunta yerra, quien contesta yerra, calla, nada digas si no tienes contacto con la fuente de la Divina Sabiduría. Om Tat Sat.

Yo soy Gautama, Siervo de Avalokiteswara y ofrezco al sabio la mayor bendición: aprender a hacer aquí y ahora todo aquello que os lleva a la bienaventuranza y la paz.

La bienaventuranza es la felicidad que se alcanza por la conversión de los skandas pasivos en vitris activos cuando la luminaria que identifica nuestra realidad esencial alcanza el máximo aporte que la divinidad puede verter: la iluminación.

Esta es la tercera de las tres finales lunaciones plenas antes del comienzo de otro milenio y desde las cimas de las altas montañas hasta el caudal de los ríos se expanden las oblicuas pulsaciones de aquel universo negro que servirá de puente y de puerto para la entrada de los hijos de la raza de los hombres dentro del umbral de un misterio que finalizará para transformarse en una manera de existencia diferente que impregnará la sociedad física y la humanidad expectante dentro de un halo de penetrabilidad traspasante hacia la conciencia cristalizada en la posibilidad de ser inmortal. La seidad y la nadidad serán absorbidas en el plenilunio del nuevo siglo con la señal en la mano y en la frente de los que han conocido la otra orilla, el Nirvana. Porque la realización del cielo, del Akasha, del Devachán, está en vosotros que sois nirvanakayas, los que por un Jivatmutki hareis el Pranava del tantra.

La interpretación auténtica de la enseñanza de los iluminados Budas estará en la utilización del cetro del poder por parte del Bodisatva Maitreya. Y así como en el sacerdocio el hierofante por excelencia se convierte en un ungido del Altísimo, así el mensajero del Señor de Amor y Compasión se transfunde en él mismo, hace de su alma un sendero y él mismo y el Supremo Avatar alinean su todo yo y la totalidad

Cultos Ocultos

de su espíritu para el descenso y la aplicación del poder ígneo y la energía radiante.

Los Chohanes y los Dyanes, los Arcontes y los Devas soplarán fuego del cielo para purificar el polvo de la tierra. El agua y el aire fluirán al viento y al soplo del sonido, Kalki entonará nuevos cánticos de guerra y de victorias. Un Prayetka (uno de los Budas venidos de la cadena del planeta Venus, que en el Sistema Solar Ors representa el Segundo Rayo) aparecerá en la escena del mundo y con su pie romperá el séptimo sello y Astarté alumbrará a un alma inmortal, y serán cristalizados los poros de las esponjas y los pétalos de las flores.

Ishvara, el Gurudeva, como no está sometido a ninguna órbita elipsante, brindará germen de conocimiento a los upasikas y upasakas (que significa en lengua pali, discípulos y discípulas) que hayan pasado por la apertura iniciática en el Latihan. El príncipe de este mundo cubrirá con su manto al dragón mientras que la serpiente se alzará erecta y le brotarán alas y un chela, o sea, un discípulo avanzado, será portador de la lanza traspasante.

La cabeza establecerá dos baluartes como dije en el año 1988 cuando me convertí en Sanat: uno será la vanguardia de la columna árbol y el otro, la avanzada de la columna brazo. Y los diamantes y las pepitas de oro rodearán a la amatista y el zafiro, en campo de gules. Y ahí vendrá el final.

Los que solamente pasan, algunos que son expectantes y los buscadores, serán trascendidos solamente por el sacrificio de los que renuncian al egoísmo pues la base de las cuatro nobles verdades acerca del dolor, de la causa del dolor, del exterminio del dolor y del dolor transformado en regocijo y alegría, se obtendrá únicamente por la renunciación al fruto de la acción, por la impersonalidad, por la sublimación de la naturaleza humana, por el imperio de los sentidos bajo la tónica de la imperecedera beatitud, o sea la creación del alma inmortal.

"Sayai nasti paro darma", que significa "la religión más elevada es la verdad divina acerca del karma y del renacimiento hasta lograr el moka, o sea, la liberación".

Es por eso que las grandes religiones por medio de sus jerarquías y pensadores, esperan la llegada del Señor de la Historia, del Supremo Avatar de Vishnú. Y por esto mismo, debereis estar en la primera línea de dedicación abnegada, sabia y voluntaria para colaborar con Amitava en el proceso de su descenso a la Tierra. Mirad y los veréis volar. Un tanto después del último momento del oscurecimiento global y yo os digo estad alertas, seguid el sendero de la luz y buscad por encima de todo los tres pilares del templo: la Sabiduría, el Poder y el Amor.

Pero recordad que la Sabiduría viene del contacto con aquél que tiene la Verdad. Que el Poder solamente lo obtienen los que están vinculados a una fuente de Poder y el Amor se alcanza únicamente por la entrega de la voluntad despertada al ideal divino que trasciende la materialidad temporal y que alcanza la plenitud de la conciencia, de la trascendencia vital en la cópula mistérica, tántrica y profética de la espiritualidad iniciática.

Ya que el Enviado ha llegado, preparaos para su reaparición y su resurgimiento en la Historia, en la vida y en vuestras almas. Desde lo más profundo de mi corazón os bendigo y os envuelvo en el Poder Eterno y el Amor Inmortal.

OM TAT TUAM ASI.
LONG-KONG-PAK

MENSAJE DEL SUPREMO AVATAR (Mayo de 1997)

A mis hermanos en el misterio y a mis hijos en la devoción. Yo soy siervo del Absoluto Ser venido de lo más profundo, lo más lejano y también lo más próximo de entre vosotros todos.

Cultos Ocultos

Os anuncio el Bien que vendrá y ratifico los mensajes de mis hermanos los Maestros, que preparan el augurio de la nueva era en la que estáis entrando.

En el mes quinto de la Luna llena enviaré mi mensajero para que con fuego abra la puerta cerrada y remueva la piedra torcida para restaurar en una unicidad todos los sistemas culturales, religiosos e ideológicos de esta tierra de Ors. Les indico el reconocimiento y la búsqueda de la canalización de Astarté que reemplazará al Eón de Aiwas en el orden del Nuevo mundo que comienza. En el Eón de Aiwas prevaleció la figura de esta entidad que regía los destinos kármicos del planeta. Una mujer escarlata dejó caer sus pétalos sobre el elemento tierra. Ahora el canal femenino se transformará de crisálida en mariposa para edificar el milenio piramidal en el que se sintetizarán el conocimiento suprasensible, el poder taumatúrgico y la penetrabilidad de los mundos visibles e invisibles. Con este propósito cada logia de adeptos establecerá una tríada, una héptada y un eneagrama para la consecución del objetivo de establecer el contacto entre el Universo Mest y el plano akáshico. Al final del período en que estáis ahora debéis haber establecido los tres niveles - exotérico, mesotérico y esotérico- de participación de la transmisión de la llama Violeta, de la transmutación de la llama azul y la sublimación de la llama rosada.

Los libros fundamentales serán para esta jornada: la Tabla de la Esmeralda, el Libro de la Ley, el Evangelio de Acuario y la versión genuina de la Arcaica Enseñanza Iniciática de Ocultura Universalis. Continuad mientras con el proceso externo de divulgación de los textos gnósticos del cristianismo primitivo, y en el aspecto interno, de las Estancias del Dzyan, el Zivagama y el Sutra Tantra Mandalah, para la absorción, elevación y proyección del fuego serpentino.

Comenzará entre Waisak y Asala el momento final del día "Sed con vosotros" que preparará el que todo ojo me vea. Así pues a los Superiores Desconocidos les ordeno: Abrid el Séptimo Sello y mostrad su contenido a los que lo pudieran ver.

Todos los Profetas, como Maestros de Sabiduría y de Poder, obran de modo distinto a los hombres ordinarios, comunes y corrientes. Tienen que hacer las cosas diferentes. Tienen que probar a sus discípulos hasta el final usando métodos extraños para llevar a la gloria a aquéllos que han sido escogidos.

Por tanto, abrid vuestro entendimiento y seguid a vuestro Maestro. Mirad siempre que todo lo que él hace tiene un motivo elevado y diferente y que es para el bien, el desenvolvimiento y el progreso vuestro. Vuestro Maestro, a nombre mío, estará haciendo algo especial para preparar para la función más alta en la escala humana. Vuestro destino kármico así os lo ha procurado. Aprovechad esta ocasión como la oportunidad más grandiosa de vuestra vida. Desde lo más íntimo de mi ser real os comunico esto: Integrad la élite de hermanos y hermanas llamados y escogidos para llevar al mundo el mensaje de mi próximo encuentro. Porque he aquí que vengo pronto y, como Kalki Supremo Avatar, montado en caballo blanco, vuelvo y corto. ¡MARANATA!

PREAMBULO AL MENSAJE DEL SUPREMO AVATAR (Mayo de 1997)

Este Mensaje del Bodisatva Maitreya, Supremo Avatar del Nuevo Milenio, es de contenido estrictamente confidencial, para ser leído, pero como todos los mensajes de este tipo no se permite que se copien, graben o distribuyan. La comunicación de este mensaje podrá impartirse a discreción de la Cabeza Visible a todos los grados en sesión conjunta o a los grados o grupos iniciáticos que correspondan. Después de leído el mensaje, la Cabeza Visible de la Escuela Esotérica, seleccionará los canales que puedan recibir la

Cultos Ocultos

iluminación crística teniendo en cuenta los anales akáshicos, las grabaciones o registros de encarnaciones anteriores de cada uno de ellos.

Por iniciativa de la Cabeza Visible de la Escuela Esotérica, en ocasiones especiales se podrá proyectar filmaciones de las apariciones de Lord Maitreya y eventualmente, en sesiones ritualísticas de alta cámara, se podrá exponer sus retratos tal y como El es.

Después del Festival de Waisak deberá comenzar la preparación personal y en equipo de los que van a tener funciones específicas en los dos procesos simultáneos, Reaparición e Implantación; y sucesivamente en la progresión de la dirección de las vertientes distintas del procedimiento analógico de la Gran Fraternidad Blanca:

- el Cristo Cósmico
- el Supremo Avatar de la Nueva Era
- los Maestros Ascendidos, que en número de siete dirigen las funciones planetarias de los Siete Rayos.
- la Madre del Mundo, o sea, Astarté, y
- los Nueve Sabios Incógnitos.

El Cristo Cósmico se manifestará a través de su mensajero, o sea, el Maestro Cabeza Visible de una Escuela Esotérica, que realiza funciones de Profeta. El Manú y el Mahachohan junto a los Siete Maestros de los Rayos tendrán Nueve personas escogidas para realizar funciones específicas en el proceso de Reimplantación del Señor de la Historia. Estas personas funcionarán como células secretas en su medio ambiente social, laboral, familiar, cultural, educacional y religioso, mientras que los canales escogidos del sexo femenino representarán a la madre Universal, a la Virgen Cósmica que en el Eón del Milenio que comienza tiene como nombre Astarté (renacimiento del panteón asirio-babilónico-egipcio).

Estos canales entonarán, para llamar y establecer contacto con la Madre Divina, el Mantram: Om Astarté.

"La Madre del Mundo viene como un ángel irradiando luz y color y nos muestra un nuevo gozo en el nuevo mundo, un

nuevo modo de vivir".
La segunda y la tercera partes de este mantram se les darán a las vestales y pitonisas en el momento de su consagración mistérica. Como privilegio dado por el propio Señor de la Historia, las hermanas que realicen las funciones de vestales y pitonisas podrán compartir con sus familiares cercanos la influencia áurica que reciban de la Madre Divina.
Al instruir a las Cabezas Visibles de las Escuelas Esotéricas de la Internacional de la Iniciación con estos antecedentes, usamos nuestra autoridad con el signo y sello secreto del Ukase. A vosotros paz en la llama violeta de mi Dyan-Chohan.
"Esto es muy serio. Aquéllos que lo reconocen lo verán primero"

ESTO DIGNUS SED DIGNUS

Maestro Príncipe Rakoczi

DEL ABISMO AL CAMINO

A todos los Chelas: upasakas y upasikas.
Yo soy un hijo de la Raza de los Hombres, que he venido para dar lo que tengo en el interior de mi ser real para la emancipación de las cadenas que atan a los que sin saberlo son Hijos del Sol.
El magno astro dividirá sus órbitas en el camino de las dos estrellas. Por eso el Camino hacia la punta de la cima se hace angosto aunque sea la única vía para aquél que ha empezado a verse a sí mismo.
Yo soy Tatagata, y junto a los Hermanos de la Luz traigo un mensaje que augura la presencia en el mundo del Boddhisatva de la Era que comienza, el mensajero de la Estrella que ilumina a todos los que han tocado la primera de

las piedras que sirve de escala para subir del abismo. La serenidad se rompe. La tranquilidad pasa, pero la paz del Espíritu permanece en aquellos que han visto la refulgencia del astro ideal. Yo proclamo un cambio que viene y se acerca y traerá consigo el despertar de mundos dormidos, de seres dispersos, de deseos inconclusos, de pensamientos certeros.

La serpiente se muerde a sí misma y el caballo blanco trota entre las montañas y los valles hasta llegar aquí. Montado sobre él, cabalga el primero de mis hermanos, que con el pliego de los doce signos abre el Camino para la subida desde el abismo. Una sola cosa es importante: vencer al Asura maligno de Maya. Romper las ataduras de la ilusión, vencer las falsas expectativas de autoengaño y mirarse en el espejo traslúcido del cielo.

Decís que soy Señor y yo, que soy hermano. Devoción quiero a la Causa Primaria Universal pero rechazo tanto el fanatismo como la incredulidad. La síntesis del pensamiento de todas las edades es el paradigma de esta era.

Entrego a mi primer hermano el Cetro del Poder, para que astro, planeta y pueblo, sean impregnados de la fortaleza y la sapiencia que vienen de lo alto. La miseria de los que son incapaces de erguirse les impedirá tocar a las puertas de la Ciudad de Oro.

Traigo para ustedes una sentencia sencilla y simple: Empezad a hacer cambios antes de que el gran cambio os derribe a vosotros.

Viene el rayo tormentoso que aniquilará peces y mamíferos, cuyo hongo paralizará la tierra, cuya fauna dejará de ser vertebrada, para que la célula que es castigada por su propia perfidia se multiplique y renazca hasta que vuelva a ser una.

En muy poco tiempo habrá un evento que procurará la Ascensión a la proximidad del Nuevo Milenio. Y en ese día aquéllos que estén dispuestos a satisfacer su yo con el sacrificio de la emancipación del propio yo, tendrán la rara oportunidad de adelantarse al "cambio que viene", y de purificar sus peculiaridades mezquinas y asimilar partículas de libertad que son producto de la proximidad de la Luz Suprema.

En el esplendor de los años que siguen al comienzo de la Nueva Edad Aurea, la llave de la vida, el árbol vigilante, con su rama dorada, buscará para no dejar caer el fruto de la naturaleza brillante y el esplendor inesperado de la euforia de los sumergidos en el océano sempiterno de la bienaventuranza, la sabiduría y la paz.

Aquí os traigo hoy con este símbolo que os dejo el legado del Diluvio que viene, del monstruo sumergido en el abismo, del yo real que se emancipa en la ofrenda voluptuosa y enhiesta, de la única oportunidad que no se puede perder. Esta que he traído y es el Día "Sed- con- vosotros".

Ahora permitid al último a quien el amor por vosotros ha llevado a dónde está, que se incline lleno de ternura, su mente llena de esperanza en la sensiente búsqueda de la última y oculta sabiduría divina.

Las flores y las frutas, el cristal y el metal, los cirios encendidos y el anhelo ardiente de vuestra entrega sincera y voluntaria, los acepto con tanto regocijo como humildad.

Ahora viene el primero y el último, aquél de mis hermanos que tiene el Cetro del Poder, a quien he entregado el signo y la palabra para que los lleve a ese mundo que está detrás de estas montañas.

Vuestro privilegio es tener a vuestros preceptores, aquellos guías que en medio de la lucha entre la luz y las sombras, entre ellos mismos y las vicisitudes que los rodean, entregan el aliento de la enseñanza del misterio insondable para librarlos de la tremenda opresión de los yoes esclavos, para vuestro Acharia, el Maestro del Alma. El que los conduce al Anima Mundi, el que lleva en su espalda la flamígera espada. El de la columna florecida en rosas, al que le sangran los pies de tanto andar, al que lloran sus dedos, de tanto que aprietan sus manos. A ése, al único, al insustituíble, al auténtico, a la fuente del saber, del poder y del amor. Para esos pocos nueve gigantes alzados con los brazos en alto que impiden a las fuerzas de las tinieblas obtener una completa victoria, a esos, desde lo más profundo de mi ser real les entrego la gloria que me ha sido dada y que no anhelo, la iluminación que poseo, pero que no es sólo mía; y este noble óctuple sendero, camino de las ocho bienaventuranzas de todas las religiones, del Mistericón y del Octavo Sacramento.

A la Sacra y abnegada dedicación de Espejo de Paciencia (nombre místico que recibiera Sar Mar Profeta en el cónclave de Avatares y Maestros celebrado en Tíbet en 1993) uno de los Nueve Guardianes de la Llama, enviamos nuestra admiración y con ésta el vehemente deseo de que se una a nosotros, cuando termine su peregrinaje para que conmigo y mis hermanos, sea como nosotros, un Nirvanakaya, un Bodisatva, un Buddha.

Como enseñanza de las Escuelas y las Sangas para el nuevo milenio, el énfasis estará en la Liberación por medio de Karmarless, aprovechando el Sexto, el Séptimo y el Octavo Senderos dentro de este Camino del Desarrollo Espiritual, para que la aplicación del Cetro del Poder les permita neutralizar las leyes de la caída y el descenso de Prakriti, con la Ley de Excepción, que por medio de Purucha lleva a la unión con el Atman.

En el decursar del Jiva por medio de los ciclos giratorios planetarios y cósmicos la expiación de las faltas por el compromiso de la indemnización mental, emocional, física y volitiva, llevará al cumplimiento de las promesas, los juramentos, la palabra dada, con la dignidad y el respeto de los Hijos de la Raza de los Hombres, que aspiran a convertirse en Hijos del Sol. Para lo cual deberán romper la accidentada ley de mortandad térmica para el renacimiento en una curvatura logoica superior, mediante la restauración de los Misterios Antiguos, especialmente los que atañen al culto de la fertilidad y el desarrollo de mujeres y hombres que alcanzan una visión superior de sí mismos y de su entorno con la vida, encontrando en cada caso su alma gemela.

Sea pues este nuevo comienzo la posibilidad de una actitud diferente a todas las anteriores de la vida exterior engarzada en una forma distinta de apertura a las influencias superiores del más allá, del mundo y de la vida ordinaria, rompiendo valientemente con la vida anterior, despertando para ver la luz que desde el interior de nosotros se vierte y proyecta desde cada uno de los que por los caminos de todas las religiones a lo largo de la Historia, han buscado y encontrado la única razón de ser, la Suprema Verdad: llegar a ser elegidos.

Ante cada uno queda ahora la escala vital abierta y ascendente para que sea recorrida por vuestros propios pies. En el año de Karampato veréis por vosotros mismos los logros de las expectativas del Tercer Milenio de la Cristiandad. Pero esto solamente será posible y asequible si tenéis la entrega a vuestro Maestro.

Desde lo profundo del centro de armonía y de paz en la Ciudad de Oro, en medio de la Estrella y del Cuenco de Oro en el Valle de Waisak, os bendigo en el Nombre de Ishvara, Avalokiteiswara y Amitava.

Yo soy Sanat Gautama.

¡OM MANI PADME UM. OM TAT SAT. OM GURU!
¡LONG KONG PAK!

MENSAJE DEL SEÑOR DE LA HISTORIA (Septiembre de 1997)

LOS DIAS DE LA RADICALIZACION SE ACERCAN

A mis hermanos en el misterio y a mis hijos en la devoción. Yo soy siervo del Absoluto Ser venido de lo más profundo,

Cultos Ocultos

lo más lejano y también lo más próximo de entre vosotros todos.

A través de los tiempos la Humanidad vista en el ángulo de su especificidad, se vuelve cada vez más hacia su propia destrucción. A esto la inducen la ignorancia, la maldad, el miedo, los celos, la envidia, el despecho. Todas las características que forman el mundo transitorio de la ilusión tratan de continuar, de retener el ahora y por falta de visión del futuro, pierden el tiempo de la esperanza. Gastan la energía de su devenir. Especulan con lo que no tiene sentido y a la postre son absorbidos en la generalidad de las cosas en las que se hallan inmersos y en las que ahogándose no pueden salir.

Por causas de índole cósmica sólo una porción de la Humanidad puede en cada época salir y desprenderse de estos ciclos y círculos de causación. Solamente con la Gnosis, el conocimiento divino, esa porción llamada y luego escogida de la Humanidad puede intentar apartar la desesperación y alcanzar la esperanza, abandonar la pérdida de lo superficial y obtener la ganancia de lo que es eterno. Introducir dentro de sus almas despertadas la luminosidad que les va a permitir salir airosos, ver el final del túnel. Una vez más los acontecimientos futuros proyectan su sombra por delante y en los próximos días y meses vais a ver catástrofes sobre la faz de la tierra con erupciones volcánicas precedidas de seísmos y huracanes, epidemias que causarán la mortandad de infantes y ancianos, guerra en Europa y tragedias entre los jóvenes estudiantes que se harán reos de la furia del maligno matándose salvajemente unos a otros. Existe un solo modo de estar fuera de esta trama en el teatro de la vida, y es no estar dentro del escenario donde se producirán los fatídicos acontecimientos que vienen.

Estad unidos a mí, tomad mis manos, y recibid mi aliento. Entonces estaréis a salvo, vosotros y ésos a quienes amáis. Luego, devolved ésto que os doy por Ley de la Reciprocidad

Universal, convertido en esfuerzos redimidos para llevar un mensaje a esos pocos, muy pocos, a los que aún todavía podéis salvar. Es en esta vocación de misioneros de la Alianza Universal de la Nueva Era regida por el signo de Acuario, donde vosotros hallareis la forma y la vía para obtener el más preciado de los dones: la paz profunda, desde donde irradiareis vosotros la flama y la llama de la Sabiduría y el Poder y así, emitiendo esta influencia mística, seréis llamados por donde quiera que vayáis "los pacificadores". Porque eso es lo que yo quiero que hagáis vosotros: tener paz para dar paz a este mundo de turbulencia y horror.

El Terror del Umbral, el Guardián del pórtico del templo se pondrá en el medio de vuestro camino para luego, quitándose, dejar pasar la refulgencia de la luz en la Iniciación en el Templo Supremo de la Sabiduría Divina.

Este es el momento de orientar vuestras vidas para la consecución de una dádiva que en mayor medida puede ser concedida ahora únicamente, solamente a los escogidos. Esta dádiva es la liberación de la Rueda del Renacimiento. Esta única oportunidad extraordinaria no sólo os permitirá redimir los frutos de vuestras acciones y destino pasado, presente y posterior, sino también la ineluctable posibilidad de ofrecer parte de vuestro sacrificio por aquéllos a quienes amáis y también queréis redimir.

Yo os pido un solo sacrificio: convertíos en puntos de luz, para que seáis centros de pacificación, trayendo al Templo de la Gnosis, nuevas almas que sean alcanzadas por el efluvio dimanante de mi presencia y mi misión. Esto significa que debéis convertiros activamente en mis colaboradores. A aquéllos que están dispuestos a la renunciación del mundo y sus banalidades, a los que hayan pasado la prueba del sendero que conduce a las altas esferas, les está otorgada la ocasión insuperable de hacer ahora algo grande y meritorio en la Historia que día a día estamos escribiendo.

Seguid a vuestro Maestro. Ayudadle a llevar la pesada cruz del servicio abnegado; sólo a través de él podéis ser iluminados. Sólo por él seréis bien conducidos, solamente por su poder podéis alcanzar la iluminación. Yo derramaré un portento sobre él y él en mi Nombre y en el Nombre de Aquél que está por encima de todo nombre, comenzará a realizar el cumplimiento de la Profecía. Mirad mi señal que viene pronto, va a haber prodigios y señales milagrosas ahí donde estáis. Allí donde estáis vosotros en el Santuario de la Gnosis, ahí estaré presente yo mismo. Enviaré a mi Angel que estará guiando vuestros pasos hacia el Tabernáculo y desde ahí emanaré una fuerza que producirá milagros. Estad atentos a mi señal y preparad el camino para mi aparición. Cumplid vosotros vuestro cometido, preparando mi llegada.

Un signo se manifestará en el interior del Templo y la Luz del Astro Rey brillará de especial forma en su exterior y los que pueden ver, verán primero. Luego todos los demás que acudan con devoción sincera alcanzarán la fructificación de sus anhelos y peticiones.

La gran obra es ésta: cada uno de vosotros asumirá sus tareas y responsabilidades poniendo como prioridad máxima y absoluta a Dios. A partir de ahí cada uno expresará su voluntaria disposición para convertirse si lo desea en misionero de la Nueva Alianza. La promoción humana hacia el Sacramento Iniciático y Oculto por excelencia, esto es, el Mistericón, el Octavo Sacramento, será la clave del paradigma al que vosotros debeis entregaros ahora. El Angel del Apocalipsis juró que no habría más tiempo y el tiempo se ha acabado.

Comenzad a hacer ahora que podéis y esperad la trascendencia de mis palabras y de mi acción. Estad alerta a mi señal y cumplid mi llamado porque he aquí que estoy presto a hacer nuevas todas las cosas.

Desde lo más profundo de mi corazón os hago llegar mi bendición.

Porque he aquí que vengo pronto y, como Kalki Supremo Avatar, montado en caballo blanco, vuelvo y corto. ¡MARANATA!

LIRISMOS MISTERICOS
(Pronunciado al comienzo del primer mes de 1998)

Apertura del Séptimo Sello.
En caballo blanco, Kalki, el Supremo Avatar, galopa portentoso y en su mano derecha lleva el Cetro del Poder y en su izquierda, el cristal luminoso y dice estas enigmáticas palabras: "He aquí que vuelvo y corto".
"He aquí que vengo y corto porque yo hago nuevas todas las cosas".
Y desde su caballo blanco, los miró de nuevo Kalki Supremo Avatar y dijo: "Mirad a mi mensajero y a él seguidle. Porque véanme los que me puedan ver y escúchenme los que me puedan oir. En verdad vuelvo y corto". "Aquéllos que lo reconozcan lo verán primero".
La Gloria del Cielo volcará su fuerza sobre el año del Grial.
El Gurudeva como no está atado a las limitaciones del tiempo y del espacio comienza su eterno retorno al punto más cercano del hito piramidal.
Kalki desciende de su caballo blanco y tomando las riendas del potro declara a gran voz: "Escribe mis palabras en tu libro: el Gurudeva rasga el velo del misterio y traspasa con su aureola ígnea el pórtico del más allá y afirma con elocuencia el signo verbal del Maestro de la Vida, diciendo:
Elige de las dos copas a ésta sobre la que está llegando la luz brillante del azul del cielo, para que la sangre y el agua fermenten la nueva aurora en el interior del Santo Grial.
Apártate del cáliz de la amargura, dejando desvanecer el pasado, para que veas cómo los mares y los ríos convergen con la lluvia y el hielo para humedecer la tierra".

Porque el Gurudeva une su mano y su brazo a Kalki para que se realice su propósito, ABRIENDO CAMINOS Y EXTENDIENDO PUENTES.

Y el Gurudeva conocido como Maitreya puso su otra mano y su brazo sobre Kalki Supremo Avatar y juntas las manos, elevaron sus frentes al cielo, mirando hacia la Estrella del Iniciador Unico, y el Sumo Sacerdote Melquisedec, proclamó desde lo alto con voz de estruendo y trompeta de guerra: "La aventura espiritual en esta experiencia religiosa gnóstica será inolvidable. Toma mi mano amiga, mira hacia delante y déjate conducir al éxito y a la gloria".

Y con este mensaje el Supremo Avatar de la Era de Acuario extiende su portento.

Del lector avisado y consciente dependerá ahora su búsqueda y encuentro con el Maestro Ideal.

CAPITULO 7

La explicación Doctológica del fenómeno de Integración de la Arcaica Enseñanza Iniciática de Ocultura Universalis en los Cultos Ocultos de toda la Historia.- Del Quinto al Sexto Poder y de ahí en adelante.

Los diferentes pasos a través del Sendero o Camino del Desarrollo se resumen en: saber, querer, osar y callar, que son los símbolos o atributos de la Esfinge. Un iniciado se crea en el silencio, así como se gesta una criatura. Para alcanzar esas cuatro virtudes, hacen falta cuatro cualidades, que son:
-discernimiento intelectual
-desapasionamiento emocional
-ética ideológica
-involucramiento de la sensibilidad.

El hombre que está en un Camino de Desarrollo espiritual debe aprender a diferenciar lo que hace deliberadamente de lo que le ocurre accidentalmente. El sujeto autodeterminado sabe diferenciar lo posible de lo imposible. Decía Píndaro: "Oh alma mía, aunque aspires a la vida inmortal, agota el campo de lo posible". Y también: "Los hombres llaman Eros al amor porque tiene alas, los dioses lo llaman Pteros, porque tiene la virtud de darlas". La unidad dialéctica de ambos se dilucida aquí en esa combinación de capacidad mental y sensibilización en el arrojo, proyectando el intelecto y el amor al plano volátil de la penetrabilidad del ser pensante más allá de las limitaciones que imperan en el tiempo y en el espacio.
Pero, no obstante, el grave problema de la metafísica simplista es el no enseñar a pensar sino a repetir.
Exponemos la Gnosis del Tercer Milenio desde la óptica del Existencialismo Esotérico como crítica superior de la percepción; es también el mecanismo que nos permite una

Cultos Ocultos

realización personal de esta comprensión. Ocultista es aquél que ha desarrollado las facultades ocultas, la capacidad superior del pensamiento. La Raza de los Hombres es un concepto totalmente diferente de la raza o etnia determinada por factores culturales o físicos. Utilizar las facultades que llevan a la plenitud de la habilidad humana es el criterio o plan de trabajo, la meta del ocultista. Sólo negándose a sí mismo se puede avanzar en el Camino de Desarrollo y llegar a la graduación en la Escala Superior de la Vida Pensante, la Doctología.

Enunciamos lo que constituye una antiquísima tradición de la Gupta Vidia: cada Maestro del Camino de Desarrollo debe buscar en un momento dado de siete a nueve personas que trabajen con él. Además debe haber un discípulo al menos a quien dejar el legado. Para alcanzar la consecución de lo que uno busca en el Camino del Desarrollo, hay que estar dispuesto a seguir a la figura interior. En el mundo hay nueve cabezas externas que tienen que responder a la Cabeza Interna. Nuestro trabajo interno es dirigido directamente por el Maestro Conde de Saint Germain. Pero los Maestros, la Iniciación y el propio Camino presentan habitualmente diversas pruebas y ordalías. ¿Cuántos hombres y mujeres del mundo ordinario están preparados para ver el guardián del umbral del que habla Zanoni, en la obra del mismo título de Sir Edward Butler Lynton? El discípulo aprende a verificar la aparición del Terror del Umbral y del Espectro del Umbral que corresponden a su propia acumulación de experiencias, fracasos y pecados de vidas anteriores y que se plasman en el Espectro del Umbral de la Iniciación al Camino del Saber y del Poder.

Durante la Iniciación, el Iniciador toma una porción viva del cuerpo astral y mental del iniciado que residirá allí donde va a permanecer, en el mismo lugar físico donde se produjo la iniciación. Los Maestros realizan una ceremonia sobre los centros de la cabeza que abre los chakras. Esa porción que han extraído la sitúan en una figura como plástica, pero hecha de arena. A través del mundo de la antimateria se realiza el puente o comunicación con el Maestro. Eso permanecerá en ese claustro donde se halla en la Escuela Sarmang, junto con lo que corresponde a cada miembro que ha sido iniciado como "Maestro Sarmang". Esa porción sale primero del lado izquierdo de la cabeza, luego, del sacro, en la columna vertebral y, por último, del bazo. Finalmente se trabaja con el bazo y todos los centros sexuales.

Los Gurus enseñan que el desarrollo se obtiene haciendo, no solamente leyendo. El esfuerzo es lo que produce la realización espiritual. El efecto del Camino del Desarrollo se mide por los cambios internos en la medida en que se es mejor. Cuando se piensa bien, se atrae lo bueno.

Se debe tener clara certidumbre de que quien se halla del otro lado de la inmortalidad sigue teniendo defectos y virtudes, pero ha sido capaz de ver más allá. El ser humano comprende posibilidades y realidades. Aquellos que quieran proyectar su vida más allá de la existencia planetaria pueden hacerlo así.

El Camino del Desarrollo no es exterior sino interior; es hacer que algo en nosotros muera para que renazca el ser interno. En una Escuela Esotérica de Desarrollo se requiere disciplina interior y ejercicios espirituales.

Una gran falacia es la idea de la superioridad de unos sobre otros en el planeta. El valor del ser humano está en su esencia. Lo que el hombre tiene dentro es lo que vale. No tiene relación con los conocimientos derivados de los estudios convencionales. Lo importante es la Gnosis o Iluminación guiada por la Intuición y el desarrollo interior.

Los Maestros, Gurús, e Instructores constituyen la Gran Fraternidad Blanca que está integrada por las Grandes Logias de Adeptos. Se les encuentra a lo largo de la Historia en diferentes figuras: Lao Tze, Jesús, Mahoma, Buda, Hamurabi entre muchos otros. Son seres que forman parte de la raza de los hombres. Ellos han alcanzado la liberación a través de los

siete posibles caminos. Los que deciden permanecer en el seno de la Tierra son los fundadores de grandes religiones y reciben el apelativo de Nirvanakayas, o sea, los que habiendo alcanzado el Nirvana, permanecen en nuestro planeta.
La búsqueda en el Sendero de la Vida, dentro del Camino de Desarrollo, está diseñada para gente imperfecta, no para seres perfectos. Jesús cuando escogió a sus seguidores halló a seres representativos de la naturaleza humana, hombres mediocres, traidores, débiles. Pero a pesar de sus defectos y sus pasiones estaban, excepto Judas, sublimados por el amor.
El objetivo de la Gran Hermandad Blanca es contribuir al Plan de Dios que es la Evolución. Los Maestros de Sabiduría manifiestan su poder y su saber a través de los Siete Rayos que actúan sobre las coordenadas vibratorias que afectan a todos los aspectos de la vida de la Humanidad y al ser humano en particular.
Como parte de la Obra de los Maestros de la Gran Hermandad Blanca Transhimaláyica, los Nueve profetas se renuevan a través de la tradición de los Nueve Sabios Incógnitos establecida en la India por el rey Asoka.
En el Cristianismo antiguo y medieval la Orden del Císter y la Abadía de Cluny, que se prolongan a través de los siglos hasta el presente y el futuro, tienen sistemas de ejercicios místicos similares a los de las escuelas zen y sufíes antiguas del Oriente. Se practicaba una cierta forma de segregación para el estudio de las disciplinas superiores; por ejemplo, las mujeres no eran admitidas en el secreto del Cristianismo primitivo, ni en el hebraísmo en sus sinagogas.

APOTEGMA CRIPTICO: EL SIMBOLO Y LA METAFORA

"Nuestros defectos pueden ser usados como una escala. Hay que superarlos poniéndoles el pie encima".
Ocultura es una nueva técnica de expansión de la memoria, la inteligencia y las capacidades. Es un método revolucionario y

original que parte de Pitágoras. Retransforma las energías que normalmente actúan sobre los cuerpos mental y astral.
El conocimiento secreto debe mantenerse escondido. El fanático no razona. Es incrédulo y dubitativo en el fondo.
Nada es fácil excepto ser vulgar. Hay que buscar donde fallamos y donde acertamos en nuestra vida, para poder sacar el mayor provecho de nuestros recursos con la menor inversión.
El Profeta se autoproclama, habla para quien le pueda entender y es frecuentemente incomprendido.
El antenaje es la forma de percibir y transmitir, un medio de comunicación, de emisión y recepción de percepciones. Tenemos la posibilidad del antenaje pero la usamos sólo esporádicamente y sin intermedio de la voluntad. El antenaje se encuentra localizado en las glándulas pineal y pituitaria, en el cerebro humano. No son hipertrofiadas sino no desarrolladas. Cuando están en funcionamiento recuerdan una letra V. Al desarrollarse producen la sensación de alcanzar el nivel de las estrellas, pues permiten la permeabilidad de la luz.
Los delfines son una especie de devas o ángeles, pero casi como infantiles. La especie de los delfines, como las abejas, procede del planeta Venus, originariamente. La serpiente es un animal muy evolucionado y también la cucaracha, así como el escarabajo, la hormiga, la abeja y la avispa.
El nivel de desarrollo de los cuerpos internos y el karma que se ha pagado determinan cuando se ha de reencarnar.

EL INDUVA: METODO DE HACER CAMARA

Hacer cámara es crear una bóveda de energía y esto incluye un estado de entonamiento con la divinidad y una kenosis. Se puede establecer un cierto grado de paralelismo o analogía entre la liturgia de la Misa y el hacer cámara. La Kenosis se produce también en la Misa durante la aspersión con el hisopo y también durante la absolución.

Cultos Ocultos

El proceso de hacer cámara requiere de varios pasos:
- Purificación

Debe realizarse preferiblemente al levantarse de la cama, lo cual debe hacerse siempre con el pie derecho. La primera invocación del día y el aseo o limpieza de los orificios del cuerpo, desocupando los intestinos y la vejiga. Es preferible también no entrar en ningún tipo de diálogo con otra persona antes de realizar esta purificación matutina.

- Acto de reverencia a Dios. Humillación, en la posición física del yogui postrado, arrodillado y con las palmas de las manos cubriendo el rostro. Japatación y Asana padmasana.
- Nueve respiraciones lentas y prolongadas exhalando suavemente el aliento.
- Mudra de la estrella que permite el antenaje.
- Volver a posición de sentado o acostado.

Los resultados son opcionales y dejados a cada individuo que los practica. Lo importante para obtener resultados es hacerlo con intensidad y concentración. Para hacer cámara hay que establecer un círculo vibratorio alrededor de uno mismo, equivalente al hábitat de los animales y al modo en que marcan o señalan su territorio.

Objetivos de hacer cámara:
-establecer un espacio vital
-propia identidad espiritual
-círculo mágico de protección
-contacto con la conciencia cósmica de Dios.

Para hacer cámara efectivamente hay que establecer vínculos de poder con la conciencia divina. El medio para lograr tal objetivo es el uso de los mantrams o palabras de poder que abren el canal de la cámara con un nivel de existencia superior.

He aquí uno de ellos:
"Yo llamo a el Angel de la Presencia para que irradie su luz delante de mí. Yo invoco a la Fuerza Universal para que obre

con poder en mi derredor. Yo ruego al Padre Celestial que envíe de lo alto su Espíritu para que se cristifique en mí. Yo soy lo que soy. Lo que soy, soy yo".

Otra posición conveniente para hacer cámara es la de acostado, boca arriba, horizontal haciendo la forma de una estrella con brazos y piernas extendidos hacia los costados, preferiblemente sobre una estera. Debe hacerse un ovoide sobre el suelo antes de empezar a hacer cámara. En esta postura se aprovecha perfectamente la energía tanto del cielo como de la tierra. Es energía que cambia, transforma, limpia.

El contacto que se establece con la vida tiene que ser directo, firme y suave. Al hacer cámara se percibe en detalle usando la imaginación, las sensaciones táctiles, olfativas, de color...La percepción extrasensorial sólo sucede cuando la percepción sensorial se ha desarrollado.

Los engramas son un conjunto de aberraciones. Una aberración es un dolor.

El propósito de una auténtica Escuela de Desarrollo es desenvolver el alma. En este camino hay que entregar el todo o no se alcanzan los resultados. Se requiere porfía y perseverancia.

Monsei es una palabra china que significa cien mil años de prosperidad. Es el premio para aquéllos que logran este desarrollo inusitado de conciencia y de ser.

Satori equivale a Samadhi o éxtasis, estado o nivel de exaltación.

El Satori resulta mucho más asequible al discípulo, a través del método de hacer cámara.

Bodidharma, el patriarca del Zen, creó la palabra Satori o estado de desarrollo de la conciencia que se alcanza por el desarrollo de las glándulas pineal o pituitaria, por el uso de mantrams y mudras que corresponden al grado y al tipo de trabajo.

LOS MANTRAMS

El primer sonido es la sílaba OM. Es la clave o nota fundamental. Hay más de 166 formas diferentes de pronunciarlo. Amén es otra forma que ese mismo mantram adopta en el hebraísmo. Transmite a través del sonido un pensamiento elevado que abre canales. Entre el mantram (palabra de poder) y el mudra (gesto de poder) está el yantra como forma pictórica. Entre el mandala y el tanka está el yantra. Abarcándolos todos se encuentra el Tantra.

El yantra sigue formas geométricas y no geométricas delineadas. Todas estas figuras representan arquetipos, o sea, formas que vienen de la más remota antigüedad y que se han transmitido a través del inconsciente colectivo. La memoria colectiva de la Humanidad, como un gran elemental., es lo que Jung llamaba el inconsciente colectivo.

Hay modas en el pensamiento, al igual que en la ropa. Los medios masivos de comunicación siguen un patrón y de ese modo sirven de elemental del inconsciente colectivo.

El lenguaje del sueño es el lenguaje de los arquetipos. Otro aspecto de los arquetipos es el olor. Algunos pueden despedir un olor casi tan sumamente putrefacto como el del Bósforo, en Estambul. Los mecanismos del subconsciente son la clave para tener conciencia en el mundo astral. Los Maestros y el Desarrollo espiritual no hacen aspavientos ni alardes. Todo ocurre en forma natural.

La renunciación y el inegoísmo son la clave para acercarse a Dios y avanzar en el Sendero del desarrollo. Hay que hacer el esfuerzo del corazón. Es preciso expresarse una vez que se ha tenido una experiencia personal con Dios.

En la antigua religión de Mu, en el sumergido continente de la Lemuria (hoy Océano Pacífico), se practicaba la celebración con frutas y leche porque son atributos femeninos y su forma de religiosidad seguía un patrón matriarcal.

En la época de los antiguos hebreos, se había asimilado de los egipcios y los asirio-babilónicos el sacerdocio masculino, en el cual el Sumo Pontífice llevaba la Mitra en la cabeza, con los dos cuernos que simbolizaban el Saber y el Poder, y el pectoral que llevaba el Urín y el Tumín como instrumentos de adivinación y profecía.

Los Brahamanes y Budistas consolidaban sus devociones a Isvara y Avalokiteswara en esta aseveración: "En este camino no hay esfuerzo perdido ni tampoco pecado. Un solo paso que el hombre da en el camino de la luz, lo lleva inexorablemente a la liberación".

Entusiasmo significa poner el espíritu alado en lo que uno va a hacer. Este es el requisito que deberán llenar a lo largo del camino los sinceros y perseverantes buscadores de la Verdad.

Podemos afirmar que el Ocultismo es habilidad para percibir todas las cosas que nos rodean desde su aspecto más elevado. Educir las posibilidades internas a través de los centros y su desenvolvimiento es el medio por el cual el cetro actúa colaborando cuando los grandes cambios se avecinan en el mundo.

LOS SELLOS DEL APOCALIPSIS DEVELADOS

En cada instante en la Historia podemos observar los significados del inconsciente colectivo de la Humanidad a través de los monumentos en piedra, tal y como se aprecia en las pirámides egipcias y catedrales medievales europeas, los monumentos en papel impreso, tales como la Biblia o la Divina Comedia. Existe un simbolismo proyectado hacia la interpretación del pasado-presente-futuro y tiempo recurrente en el Libro de la Revelación de San Juan, en los sellos que han de abrirse al conocimiento del Apocalipsis:
1) el hambre
2) la peste
3) la guerra

4) la muerte
5) Existencialismo esotérico
6) Ocultura Universalis
7) Doctología

Los cuatro Jinetes forman en dos mil años de Cristianismo el Cuaternario Material y Plano de la Vida Condicionada Espacio-Temporal Tri-dimensional.

Los tres apartados últimos constituyen la Triada Espiritual que simboliza la inmanencia y trascendencia de los mundos invisibles y los Principios Evocados en la superior evolución del ente-humano. Del Tercer Milenio en adelante, hasta que llegue la raza inmortal que nos suplantará en la raza de la Tierra.

Todo ello está expresado en forma de metáforas. Nuestro momento histórico no condensa la totalidad de la Revelación del Apocalipsis. Pensar algo así sería una enfatuación. El Antiguo Testamento contiene también otros Apocalipsis como el de Esdras, el libro de Enoc, el Eclesiastés y otros.

Los sellos del Apocalipsis se refieren a los cambios que van a suceder en el planeta. Hay un personaje del que se habla muy poco pero que está mencionado en el Apocalipsis cuando dice que vendrá con su *Nuevo Nombre*. Es el Avatar o Señor de la Historia, el cual en el día de la Declaración Mundial convocará a los seguidores de su obra para que hagan antenaje. El antenaje se realiza en la posición de la estrella, con las manos en las caderas y las piernas abiertas. Se acerca a pasos agigantados el momento de la revelación del Avatar y la aplicación del Cetro en el Mistericón u Octavo Sacramento.

Durante el gran cambio mundial del Tercer Milenio, va a tener lugar un proceso de gran selección natural y esto ha de acontecer porque el hombre vive en conflicto consigo mismo. No ha de hacerse la promoción espiritual únicamente afuera, sino hacia dentro. La Iniciación en el camino que lleva a la expansión de la conciencia superior es necesaria para llegar al éxito y la realización dentro del gran cambio mundial que se aproxima.

Los esoteristas han sido imbuídos con la promesa de la Virgen Negra, Nuestra Señora la Madre de los Círculos, cuando profetizó: "ni mis hijos, ni los hijos de mis hijos, perecerán cuando venga el gran cambio. Todo aquél que tenga el Komboloi de la Virgen Negra y esté protegido por la fuerza de Astarté no tiene que temer ante los cambios que se avecinan".

Esta humanidad verá también la presencia confirmada de los extraterrestres, que están continuamente apareciendo en distintos ámbitos del planeta.

Igualmente los gnósticos saben que cuando se pide o reza, se debe hacer primero por todos los que se han ofrecido desinteresadamente por la Humanidad, por aquéllos que queremos y por nosotros mismos, en último término.

De la habilidad para actuar dependerá la posibilidad de lograr efectividad en nuestros objetivos en el mundo material, del mismo modo cuando utilizamos el poder de concentración mental y las técnicas precisas de meditación y programación psíquica alcanzamos el propósito que buscamos y la consecución de los proyectos e intereses en los que nos vinculamos emocionalmente. Como síntesis debemos consignar que la motivación y la energía que fluyen en la Oración serán el mecanismo idóneo para apelar, evocar e invocar a los Poderes Superiores y recibir de Ellos la protección, el auxilio y la orientación que necesitamos.

CAPITULO 8

MANIFIESTO SECRETO "El Esoterismo esparcido a los cuatro vientos"

MENSAJE DEL GRAN MAESTRE AVATAR BABA
MARON ATHOS A LA LOGIA SECRETA
(Cabeza Invisible del Supremo Santuario de la Gnosis en la Escuela Esotérica de la Internacional de la Iniciación)

A la Logia: Que los profanos escuchen, que los hermanos entiendan. Paz a todos en el Nombre del Cristo Cósmico. Amén.

Saludos en el Nombre de la Trisanta Sophia. Los buscadores de la Verdad a lo largo de la Historia han recorrido el mismo camino que lleva al conocimiento superior que definimos como Gnosis. En sus orígenes las Escuelas Esotéricas en Babilonia, las Fraternidades Herméticas en Egipto, las Ordenes Mistéricas en Europa y las Sociedades Secretas en América y en todo el mundo establecieron centros de instrucción y aprendizaje de la enseñanza de los Maestros de Sabiduría y Poder. En sus etapas históricas y en los sitios geográficos que por el destino les correspondieron, fueron llamados con diversas designaciones, tales como los Esenios, los Rosacruces, los Templarios, los Cátaros, los Alquimistas, los Martinistas, los Teósofos, los Taumaturgos, los Gnósticos. Pero todos seguían, siguen y seguirán un denominador común, la Arcaica Enseñanza Iniciática de Ocultura Universalis.

En la Era de Acuario las tradiciones mistéricas se manifiestan en el sistema ideológico de la Gnosis del Tercer Milenio a través de la Gran Obra de la Cabeza Externa de la Hermandad Sarmang y su rama lateral: la Universidad

Internacional de Teología y Parapsicología. Como es nuestro deseo que ustedes tengan una clara comprensión de la Gran Obra en la que están comenzando a participar, les diré algo acerca de sus orígenes, principios y planes de aprendizaje para la consecución de los ideales superiores en la más alta escala del nivel humano.

La Universidad Internacional de Teología y Parapsicología es el organismo metafísico de la Gran Obra Gnóstica del Tercer Milenio del Cristianismo. Siendo el significado del título Universidad Internacional de Teología y Parapsicología el mismo que denota: Universidad, por la universalidad de la experiencia del conocimiento esotérico; Internacional, por la multinacionalidad de sus componentes, tanto de los académicos, enciclopedistas e ilustrados, como de los oyentes; Teología, por estar concentrada su base y estructura en la conciencia cósmica de Dios, y en su consecuencia, o sea, la sabiduría divina; Parapsicología, por su propósito de desarrollar las facultades latentes dentro de la mente humana, llevándolas a su grado más elevado de exaltación y realización psíquica y espiritual.

Vuestro Maestro, en decenios de búsqueda, investigación y auto-realización, fue iniciado dentro del antiguo sistema iniciático establecido en Egipto por Hermes Trimegistus, habiendo recibido luego de extraña e inusitada preparación interna la más sublime de las iniciaciones magistrales en la Escuela Esotérica de la Hermandad Sarmang, fundada por Zoroastro.

Durante años de sacrificio y entrega a la Gran Obra taumatúrgica y mistérica, vuestro fundador acumuló un summum de sapiencia megaesotérica y poderes de hierofante que fue enriquecido por sus contactos personales con los Grandes Maestros de la Tradición Mística y Oculta, con los que personalmente se encontró en sus viajes alrededor del mundo.

Es por lo tanto esta Universidad Internacional de Teología y Parapsicología el medio idóneo utilizado para llevar a los sinceros buscadores de la verdad, a través del Sistema de Desarrollo espiritual que en cuatro etapas permite alcanzar la liberación de la Rueda del Renacimiento, la liberación del Karma y la Unión con la mente divina. Esta metodología teórica, filosófica y práctica, se divide en las etapas de: oyente, que abarca un período de alrededor de setenta y siete semanas de estudio dirigido; luego, la etapa de la Ilustración, que se compone de cincuenta y dos semanas de clases dirigidas; posteriormente, el nivel de Enciclopedista, en el que el estudiante debe estar en condiciones de recibir escalonadamente las iniciaciones personales, de tres a siete años de duración. Finalmente, el grado de Académico, en el que se podrá alcanzar la iluminación cósmica, cuya duración es infinita porque se extiende más allá de la vida física y que está postulado para llevar al discípulo a la liberación más allá del tiempo y del espacio en la plenitud de la creación del alma inmortal.

Estos grados de la Universidad tienen como paralelos en la Sección Interna, los siguientes grados: Los oyentes equivalen a Probacionistas ya que son sometidos a un período probatorio para llegar posteriormente al grado de Neófito que son los Ilustrados, que aspiran a recibir la iniciación personal en Ocultura y la transmisión individual del Mistericón, que ocurre cuando pronuncian el Juramento que los une místicamente a la Escuela Esotérica de la Hermandad Sarmang y entonces son llamados Juramentados, o sea, nivel de Enciclopedistas. Después, a su debido tiempo, los que alcanzan el grado de Illuminati, similar al nivel de Académicos, o sea, los que han llegado a conocer personalmente al Supremo Avatar. Estos grados solamente son posibles para aquellos que han tenido la visión de quién es Profeta y depositario del linaje y legado de las fuentes de la Sagrada Tradición Iniciática Oculta y Mágica, y han sabido como reconocerlo solamente por la percepción intuitiva de su Ser Interno.

Como oyentes de esta Universidad se les abre a ustedes la oportunidad concedida por vuestro Karma personal de acceder a una posible superior evolución, que aprovechada adecuadamente por ustedes al valorar suficientemente esta única ocasión, podrá producir los frutos más altos de la evolución humana, dependiendo esto íntegramente del interés, la sinceridad y la capacidad del propio estudiante.

Dentro de este Sistema "universitario" se vislumbra la existencia de una sección interna de la Escuela Esotérica de la Internacional de la Iniciación, en la que pudierais llegar a entrar en la medida de vuestra devoción y sacrificio.

El corolario de la información y sapiencia vertidas en el proceso histórico de la evolución se hace vigente en la formulación de la Arcaica Enseñanza Iniciática de Ocultura Universalis que sirve de fundamento a la Doctología.

Esta Gran Obra Mistérica, Taumatúrgica y Profética integra y conforma el último Culto Oculto de nuestro tiempo: la Doctología, el aparatus gnóstico exotérico de la Universidad Internacional de Teología y Parapsicología, el brazo mesotérico que se constituye en el Alma Mater del Sistema que en su aspecto esotérico tiene su asidero en la Escuela Esotérica de la Internacional de la Iniciación, conectada con la Escuela de la Hermandad Sarmang y la Gran Fraternidad Blanca de Shamballah en su sede de la ciudad secreta de Agartha en el centro desde donde el punto de Luz en la Mente de Dios es conocido, Asgard, en el desierto de Gobi.

Este último Culto Oculto ha sido ideado, creado y fundado por Sar Mar Profeta siguiendo el augusto designio de la Hermandad Esotérica Sarmang y se fundamenta en las tradiciones eclesiásticas e iniciáticas en que ha sido forjado partiendo de la Gran Logia Rosa Cruz de la Tradición Gnóstica del Maestro Huiracocha (Dr. Arnold Krüm-Heller), siendo sucesor directo del Gran Hierofante Iniciador Sar

Cultos Ocultos

Telémako (Johannes Müller Rider) como Cabeza Externa de la Orden, desde 1976, cuando fuera designado, consagrado e instalado por el Cónclave de los Sublimes Ritos.

El Profeta ha sido reconocido por las Grandes Logias y doctorado por diferentes seminarios y universidades en diversas disciplinas académicas. Santuarios Egipcios y Persas, Indostánicos, Tibetanos, Africanos y Mesoamericanos le transmitieron los signos fundamentales en todos los centros iniciáticos del mundo entero. Por cuanto con estas atribuciones y con el úkase de facto y de jure, el Fundador ha establecido por su propio fuero estas ramas eclesiásticas e iniciatorias las cuales ha instaurado e implantado siguiendo el principio de institucionalizar un consorcio de organismos inter-relacionados e inter-fertilizados dentro del Plan Cósmico para la Era de Acuario.

Este consorcio de organismos se compone de:

1) la Iglesia Católica del Rito Antioqueno, ideada, creada y fundada por Sar Mar Profeta, con su autoridad jerárquica de Profeta, Taumaturgo y Pontífice como Arzobispo Primado, siguiendo la Tradición Ortodoxa Gnóstica de la sucesión Apostólica Siro-Malabar.

2) la Universidad Internacional de Teología y Parapsicología, Alma Mater del Sistema de la Doctología y el Existencialismo Esotérico, ideado, creado y fundado por Sar Mar Profeta, en su condición académica de Doctólogo Magistral para llevar al mundo la Gnosis del Tercer Milenio del Cristianismo.

3) la Escuela Esotérica de la Internacional de la Iniciación, Centro Expositor de la Arcaica Enseñanza Iniciática de Ocultura Universalis, ideada, creada y fundada por Sar Mar Profeta en su función iniciática de Tetrarca Universalis.

Por tanto, este último Culto Oculto se convierte en el primero de los Cultos Ocultos del Tercer Milenio del Cristianismo, con la promulgación herética del Mistericón, o sea, del Octavo Sacramento, que resulta de la transmisión esotérica, iniciática y eclesiológica de Sar Mar Profeta en su condición de:

<u>Profeta del Altísimo</u>, por haber concebido por iluminación divina la Ideología de la Arcaica Enseñanza Iniciática de Ocultura Universalis.

<u>Taumaturgo por Excelencia</u>, por haber recibido la facultad suprema de imponer el Cetro del Poder en nombre del Gran Elohim de la Era de Acuario.

<u>Pontífice entre Dios y los hombres</u>, por haber fundado la Iglesia Católica del Rito Antioqueno en la Sede Apostólica Primada del Sínodo Espiscopal Hispano, Prelatura Metropolitana, Abadía Ortodoxa Gnóstica y Catedral de la Santísima Trinidad, para la proclamación del Evangelio del Cristo Cósmico y la dispensación de Sus Sacramentos Mistéricos.

<u>Doctólogo Magistral,</u> en su carácter de Fundador de la Universidad Internacional de Teología y Parapsicología y de la Escuela Esotérica de la Internacional de la Iniciación. Creador del Sistema de la Doctología y del Existencialismo Esotérico, Tetrarca Universalis para el Nuevo Linaje del Tercer Milenio. Estas posiciones en las que realiza y ejecuta su magisterio y ministerio se resumen en el cargo que solamente puede alcanzar y ejercer el que es elegido por Dios mismo para ser su Profeta, habiendo recibido de tradiciones mistéricas el poder taumatúrgico (de la Alta Magia) y el Orden Sagrado del Linaje del Supremo Sacerdote Melquisedec, por mediación del Gran Obispo y Sumo Sacerdote Jesucristo, sus apóstoles y discípulos, poseyendo además la formación y categoría académica para la implantación de la Gran Obra. Por lo que ha sido constituído e instalado por la Gran Hermandad Blanca como Tetrarca Universalis por la Suprema Voluntad y el Poder que dimanan del mismo Dios, de la Jerarquía Universal y de los

Arcontes del Destino, determinando el establecimiento, constitución y fundación del Primer Culto Oculto para el Tercer Milenio del Cristianismo y en su carácter de Fundador introduce el ceremonial y ritual de esta fórmula ideológica y devocional que se designa como el Mistericón: el Octavo Sacramento, es decir, la Imposición del Cetro del Poder.

Siendo nuestro propósito como Gran Avatar, Señor de la Segunda Venida, que el Mistericón únicamente sea celebrado y oficiado por el Tetrarca Universalis y el linaje que él mismo estableciere en nuestro nombre a partir de su propia persona, el cual en el plano del tiempo estará concebido para un milenio, y en el plano del espacio, en los legítimos Santuarios de la Gnosis del Tercer Milenio.

Para que todo esto sirva al Propósito Cósmico del Plan de Dios en la Evolución de todo lo que existe en el Universo se ha dado a conocer al mundo esta enseñanza de Lógica Mega-Esotérica que por sí misma y para todo el Tercer Milenio encontrará su propio camino y dará como resultado el surgimiento de otros paradigmas.

Es designio de la Divinidad que opera a nivel planetario del Tercer Milenio del Cristianismo que aquéllos que entran en los grados de la Escuela Esotérica de la Internacional de la Iniciación se conecten con el Supremo Santuario de la Gnosis y la Gran Hermandad Blanca de Maestros Ascendidos y por lo tanto, se encuentren involucrados dentro de la conspiración clandestina de los Grandes Seres que laboran silenciosa, discreta y abnegadamente con los "pocos brazos lúcidos y vigorosos que impiden que las fuerzas de las tinieblas, la ignorancia y la maldad obtengan una completa victoria" sobre nuestro planeta Tierra.

Esta época que os ha correspondido vivir os ha deparado la oportunidad de entender y participar en la misma medida de vuestra capacidad espiritual en el proceso mundial de la Reaparición del Señor de la Historia, de integrar vuestras personas al evento cumbre de la Implantación del Cristo

Cósmico y de recibir la Gnosis del Tercer Milenio, el sistema de pensamiento expuesto como Doctología, el Existencialismo Esotérico, culminación de la Sabiduría portentosa de la Arcaica Enseñanza Iniciática de Ocultura Universalis.

Un privilegio concedido a los iniciados en esta Gran Obra Gnóstica, será el obtener el efluvio de energía cósmica vibratoria que procede de la Divinidad y que se pone de manifiesto por la Implantación del Cetro del Poder de la mano del Profeta del Altísimo, Taumaturgo por excelencia y Pontífice entre Dios y los hombres: el Tetrarca Universalis, Hierofante Iniciador y Gran Maestre, el Arzobispo Doctor Roberto Toca, Sar Mar Profeta.

Para que la Luz de la Gnosis impere en el mundo de las tinieblas, la Gran Obra de los Seres Superiores se difunde entre vosotros.

En el Nombre que está por encima de todo nombre.

Yo soy,

Baba Maron ((Jason)) Athos
Gran Maestre Avatar de la Era de Acuario

CONCLUSION

La llamada de la esperanza que se abre para la Humanidad en el Tercer Milenio tiene que ser interpretada desde varios focos de percepción para llegar a su plena comprensión.

Mirando desde el ángulo antropológico y pasando por el aspecto sociológico, los cambios a los que se verá sometida la raza de los hijos de los hombres, connotarán una mayor propensión a la liberalización del concepto del culto y una radicalización más efectiva de nuestra cultura actual. Esto redundará en una proliferación de sectas desprendidas de sus organizaciones-madre y junto a esto, la devoción a lo sublime, lo espiritual y divino se manifestará en el arte, la literatura y el ritual con modalidades que reflejan el avance de la ciencia y la tecnología de las multinacionales del producto mental.

Por otra parte la legislación universal se verá obligada a buscar instrumentos jurídicos que garanticen la posibilidad de "libertad religiosa, de reunión y asociación" para los cultos consolidados del presente, o sea, las pasadas grandes religiones con organismos centrales de dominio y las modalidades religiosas, filosóficas y sociales contemporáneas para que sean protegidas de la rapacidad inquisitorial de las arbitrariedades e intolerancias, producidas por el temor a perder adherentes, influencia y poder económico de las denominaciones religiosas de todas las vertientes del poder político internacional.

La posible persecución, fiscalización y penetración de los órganos policiales y de inteligencia dentro del fenómeno de las nuevas sectas y los cultos nuevos pronto podría revertirse en contra de sus detractores ya que estos movimientos contemporáneos poseen más adaptabilidad política, fluidez de desplazamiento, captación de adherentes y por ende, de capital financiero operacional.

A esto quiero agregar que las sectas de carácter esotérico,

místico o político, o sea los "cultos ocultos", seguirán desarrollándose, proliferando y eventualmente se unirán y organizarán constituyendo algo más que un desafío para las religiones convencionales. Estos cultos ocultos llegarán a constituirse en eslabones metapolíticos de un futurológico gobierno invisible que regirá los destinos del planeta Tierra.
La Gran Hermandad Blanca de Maestros, los Centros Mundiales de Poder Oculto y todas las Fraternidades Herméticas, Escuelas Esotéricas, Ordenes Mistéricas y Sociedades Secretas del remoto pasado y del presente actual se convertirán en y durante el Tercer Milenio en la estructura internacional de poder tanto religioso, ético e ideológico como político. Las teocracias que ha conocido y aún conserva nuestra Humanidad: el Vaticano, con el Papa, el reinstaurado Gran Potala con el Dalai Lama y el Monte Athos con su Primado, se unirán a la jerarquía de Agartha y Shamballah, de Asgard y de los centros mundiales y entonces nuestro Cielo y nuestra Tierra tendrán por Rey de Reyes y Señor de Señores al Cristo Cósmico que con el Cetro del Poder descenderá de las nubes entre la multitud de los seres celestiales: los Angeles, Arcángeles, Extraterrestres y Ultraterrestres y los Grandes Maestros e Iniciados de todos los tiempos.
De nuevo la identificación de culto como modalidad cultural de una civilización dada y de una devoción cultual determinada. Los seguidores de otros cultos que no son ocultos, como por ejemplo, la secta de Moon, los practicantes de la meditación transcendental del Maharishi o los lectores del Libro de Urantia, los Hare Krishna de Prabupadha o cualesquiera de las otras sectas estilo "metafísico" o "New Age" u orientalistas, difieren de los Cultos Ocultos en la conservación del secreto iniciático a la manera de los discípulos de Pitágoras en el pasado o de la Escuela Bonfill de Aivanhoff en el presente, los que junto a otras vertientes históricas originales y sus ramificaciones posteriores integran

el exhuberante mosaico de la Ocultura Universalis de todos los tiempos.

En esta Obra presento una Trilogía compuesta inicialmente por este libro, "Cultos Ocultos" el primer tratado de Doctología; seguida por "La Clavícula de Sar Mar Profeta" y "La Iniciación en Ocultura Universalis". A estos seguirán "Sobre Hombros de Gigantes" y "El Sendero Solitario" entre otros diecisiete tomos que forman el ciclo expositivo de la Ideología de la Gnosis del Tercer Milenio, o sea, la Doctología.

Que aquellos sinceros buscadores de la Verdad puedan obtener el fruto de este esfuerzo es mi profundo anhelo.

Para los que han recorrido el sendero encontrado estoy seguro que la visión de este vademecum o intento de resumen histórico e ideológico les motivará para seguir adelante.

A todos mis discípulos, compañeros en el Camino Espiritual, que esta Obra los ayude tanto como ustedes se merecen.

Para la Gloria de Dios:
    En el último día de la escritura de este libro.
    El Sol en mi signo, a las 3:45 p.m.
    La Luna en mi Sede de Odessa, Florida, USA.
Y lo firmo así:

       Yo   ∞
  Sar Mar Profeta   ∞
      33° 90° 95° Δ
      ☩   Δ
    Fundador Δ

Ante el Tercer Milenio del Cristianismo,

Arzobispo Dr. Roberto Toca

Dr. Roberto Toca
(Sar Mar Profeta)
Doctólogo Magistral Fundador
Iglesia Católica del Rito Antioqueno

Universidad Internacional de Teología y Parapsicología
P.O. Box 8473
Tampa, Florida 33674-8473, U.S.A.

Centro Mundial de la Doctología
Catedral de la Santísima Trinidad
2008 Chesapeake Drive, Odessa Florida 33556 U.S.A.

E-mail: smprofeta@sprintmail.com
Teléfono: (813)926-2800

OBRAS LITERARIAS DEL ARZOBISPO DR. ROBERTO TOCA (SAR MAR PROFETA)

1. CULTOS OCULTOS (Primer Tratado de Doctología)

2. LA CLAVICULA DE SAR MAR PROFETA (El Teorema del Sistema de la Doctología) Gnosis del Tercer Milenio

3. SOBRE HOMBROS DE GIGANTES. El Sendero Solitario, a la Luz de la Doctología. Unareseña de los Grandes Seres que fueran mis Maestros y sobre cuyos hombros pude llegar tan alto.

4. EL INICIADOR DE OCULTURA La Doctología interpreta el significado psicológico, sociológico y taumatúrgico de la Iniciación en las Fraternidades Herméticas, Escuelas Esotéricas, Ordenes Místericas y Sociedades secretas de la Historia de la Tierra.

5. LLAVE MAGISTRAL DEL SABER Y EL PODER. El Existencialismo Esotérico como sistema ideológico de Doctología para la Auto-Iniciación, Auto-Realización y Auto-Liberación.

6. LA HISTORIA DE UNA MUJER CUALQUIERA. El personaje representativo Silvia Silva llega a América y recuerda todos los hombres y mujeres que conoce en su vida.

7. IMITACION DEL YO. Autobiografía de Sar Mar Profeta

8. AMANTE ESTRELLA. Poesía deshonrosa del Esclavo y Dueño concebida para una civilización decadente.

Arzobispo Dr. Roberto Toca

Al Padre Celestial:
Gracias a Tí mi Dios por todo lo
bello que me has dado.
Te alabo, Señor de la Historia,
Cristo Cósmico, por el ministerio
sacrosanto al cual Tú mismo
me has llamado.
Oh Espíritu Inmortal que iluminas
mi Ser con el fuego de Tu Poder
guíame para hacer Su Voluntad

Ebenezer. Amén.

Cultos Ocultos

Profeta del Altísimo, Taumaturgo por Excelencia, Pontífice entre Dios y los hombres, Tetrarca Universalis

El Doctor Roberto Toca (Sar Mar Profeta) nacido en La Habana, Cuba, El 11 de enero de 1945, inició sus estudios sacerdotales a los 11 años de edad, siendo ordenado en 1966; elegido Obispo en 1976 y consagrado en California en 1982 como Arzobispo con categoría de Exarca Patriarcal para los Hispanos. Posteriormente fue elevado al rango de Primado. Recibió iniciaciones magistrales en la Escuela Esotérica de la Hermandad Sarmang (la misma en la que fuera iniciado el expositor máximo del Cuarto Camino G.I. Gurdjieff) así como en los Santuarios de las Fraternidades Herméticas, Ordenes Mistéricas y Sociedades Secretas de Egipto, Turquía, India, Tíbet, Japón y Europa. Habiendo viajado extensamente por todo el mundo. Fundador de la Gran Obra Gnóstica que integran: la Iglesia Católica del Rito Antioqueno, la Universidad Internacional de Teología y Parapsicología, la Escuela Esotérica de la Internacional de la Iniciación y el sistema ideológico de la Doctología, la Arcaica Enseñanza Iniciática de Ocultura Universalis y el Existencialismo Esotérico. Ostenta además los cargos de Hierofante Iniciador y Cabeza Externa de la Orden (O.H.O.) en el Supremo Santuario de la Gnosis de la Orden Rosa-Cruz Tradición Krümm-Heller, Soberano Gran Comendador de los Sublimes Ritos de Memphis y Mizraim (90° y 95°).

Ha obtenido grados doctorales en Teología, Filosofía, Ministerio, Hipnología, Psicología y Sagradas Escrituras, entre otras disciplinas académicas. Ha escrito en publicaciones de Estados Unidos y otros países, dirigido y conducido programas radiales y de Televisión, habiendo obtenido premios en periodismo y televisión. Ejerce el ministerio arquiepiscopal en su sede metropolitana de la Catedral de la Santísima Trinidad en Odessa, Florida, USA.

www.ingramcontent.com/pod-product-compliance
Lightning Source LLC
Chambersburg PA
CBHW032048150426
43194CB00006B/460